Das Geheimnis des Conviction Effects

Die Macht der eigenen Überzeugung

Roland Wiednig

Der Autor

Roland Wiednig, geboren 1963 in Österreich, Vater zweier Kinder, ist seit vielen Jahren als Experte für die Förderung von Lebenskompetenzen, für Gesundheitsförderung, Prävention und Konfliktklärung tätig. Er ist selbständiger Pädagoge und war als Polizeibeamter in Österreich Bundeskoordinator für die Bereiche Sucht- und Gewaltprävention. Er hat zahlreiche pädagogische Programme in den angeführten Bereichen für das Bundesministerium für Inneres, für Bildungseinrichtungen und für Gebietskörperschaften entwickelt und evaluiert.

Umschlaggestaltung: Buchschmiede
Druck und Vertrieb im Auftrag des Autors:
Buchschmiede von Dataform Media GmbH Wien

www.buchschmiede.at - Folge deinem Buchgefühl!
Besuche uns online

978-3-99129-990-5 (Paperback)
978-3-99129-988-2 (Hardcover)
978-3-99129-989-9 (E-Book)

Printed in Austria

Aus Gründen der leichteren Lesbarkeit verwende ich in diesem Buch die männliche Sprachform bei personenbezogenen Substantiven und Pronomen. Diese Entscheidung ist mir nicht leicht gefallen und ich ersuche dies als keine Benachteiligung des weiblichen Geschlechts zu verstehen, sondern vielmehr im Sinne der sprachlichen Vereinfachung als geschlechtsneutrale Ausdrucksweise, auch wenn mir bewusst ist, dass innerhalb der deutschen Sprache eine Geschlechterneutralität mit dieser Vorgangsweise nicht gewährleistet werden kann und ich auf das Verständnis der Betroffenen angewiesen bin.

INHALTSVERZEICHNIS

"Ich werde dir jetzt was sagen, was du schon längst weißt.... Die Welt besteht nicht nur aus Sonnenschein und Regenbogen. Sie ist oft ein gemeiner und hässlicher Ort. Und es ist ihr egal wie stark du bist - sie wird dich in die Knie zwingen und dich zermalmen, wenn du es zulässt... du und ich - und auch sonst keiner - kann so hart zuschlagen wie das Leben! Aber der Punkt ist nicht der, wie hart einer zuschlagen kann... Es zählt bloß, wie viele Schläge man einstecken kann und ob man trotzdem weitermacht. Wie viel man einstecken kann und trotzdem weitermacht.... Nur so gewinnt man! Wenn du weißt was du wert bist, dann geh hin und hol es dir. Aber nur, wenn du bereit bist die Schläge dafür einzustecken! Aber zeig nicht mit dem Finger auf andere und sag du bist nicht da wo du hin wolltest, wegen ihm oder wegen ihr, oder sonst irgendjemandem. Schwächlinge tun das! Und das bist du nicht - Du bist besser!"

Sylvester Stallone

Prolog

Meine Motivation, ein Buch über den Conviction Effect und die unglaubliche Kraft der eigenen Überzeugung zu schreiben, war das Anliegen, meine Geschichte, meine Erfahrungen und daraus entwickelte Thesen und Methoden für ein besseres Leben auch an andere weiter zu geben.

Es gab eine Zeit in meinem Leben, in der ich ein tiefes, dunkles Tal durchschritt, aus dem ich beinahe nicht mehr herausgefunden hätte. Aber durch eine mir damals noch unbekannte und mächtige Kraft konnte ich mich aufrichten und die geistige und körperliche Stärke aufbringen einen Weg aus diesem Tal heraus zu finden.

Ich habe eine Möglichkeit der physischen und psychischen Selbstheilung gefunden, deren Kraft unglaublich ist. Ich nenne diese Kraft den Conviction Effect, oder „Überzeugungseffekt". Mit diesem Buch möchte ich ihnen, liebe Leser, diesen Effekt näherbringen, ihnen meine Thesen darstellen und eine Anleitung geben, wie auch sie diesen Effekt nutzen können.
Sollten sie selbst betroffen sein von widrigen Lebensumständen, möchte ich ihnen nahelegen nicht sofort zu den hinteren Teilen dieses Buches und somit zu den praktischen Anleitungen zu blättern, sondern alle Teile des Buches der Reihe nach zu lesen. Jedes Kapitel liefert wertvolle Hinweise, die sie alle benötigen werden auf ihrem Weg zur Selbstheilung. Sollten sie in ihrem Leben nicht betroffen sein von tiefen, dunklen Tälern, sondern dieses Buch aus anderem Interesse lesen, werden meine Thesen und Schlussfolgerungen durch die Möglichkeit einer objektiven Betrachtungsweise

umso interessanter sein.
Für mich wäre es eine große Freude, wenn sie sich viel aus diesem Buch mitnehmen können und wenn ich Unterstützung geben kann zu einem glücklichen, zufriedenen und erfolgreichen Leben. Ich weiß mittlerweile, es ist nie zu spät für den ersten Schritt - nichts ist unmöglich.

Meine Geschichte

Ich möchte dieses Buch mit meiner Geschichte beginnen, die ich mittlerweile ganz gut erzählen kann. Ich erwähne das, weil es Zeiten gab, in denen mir das nicht ansatzweise möglich war.
Ich habe versucht mich bei dieser Erzählung nicht zu sehr im Detail zu verlieren und sie so kurz wie möglich zu halten. Dennoch habe ich mich bemüht, die für dieses Buch wesentlichen Dinge ungeschönt zu erzählen. Diese kurze Erzählung soll für sie ein Anreiz sein einen Blick auf ihre Geschichte zu richten. Die eigene Geschichte zu erkennen und anzuerkennen ist eine Notwendigkeit, um Lehren daraus zu ziehen und eine Voraussetzung, um Veränderungen einzuleiten.

Die Zeit meines Heranwachsens war keine ungewöhnliche und auch keine spektakuläre, sondern eher eine positive und alltägliche, wie sie wahrscheinlich viele Leser auf die eine oder andere Art und Weise ähnlich erlebt haben. Ich hatte eine glückliche Kindheit, verantwortungsbewusste, strenge, gerechte und liebende Eltern, die nur das Beste für meine zwei Geschwister und mich wollten. Nach einer durchschnittlichen Pflichtschulbildung folgten ein guter Beruf, eine berufsbegleitende akademische Ausbildung und eine Ehe mit zwei wunderbaren und liebenswerten Kindern. Ich hatte viele Freunde und auch viele Interessen, war ein sehr guter Sportler, versuchte mich als Triathlet im leistungssportlichen Bereich und war mit dem was ich tat und wie ich lebte zufrieden und glücklich. Ich hatte somit alles was es braucht, um ein gutes Leben zu führen. Ich kann mich nicht ausreden auf Umstände wie eine schwierige Kindheit, Gewalterfahrungen, finanzielle oder soziale Probleme oder schlechte Bildung und daraus resultierende schlechte Perspektiven. Ich bekam eine solide Basis mit auf meinen Lebensweg.

Allerdings bemerkte ich bereits während meiner Schulzeit eine eigenartige und schwer erklärbare Stimmung tief in mir. Eine Empfindung, die ich als sehr unangenehm wahrnahm, eine Mischung aus vielen unangenehmen Gefühlen, die immer dann ansprangen, wenn ich Ereignisse oder Entscheidungen meiner Lehrer als falsch und unangemessen empfand. Insbesondere Ungerechtigkeiten, unabhängig davon, ob ich oder andere davon betroffen waren und ganz besonders, wenn sie speziell benachteiligte Personen betrafen, brachten mich auf die sprichwörtliche Palme.
Ich erinnere mich noch gut daran, dass meine Lehrer dies als ausgeprägten, eigenartigen und vor allem überschießenden Gerechtigkeitssinn bezeichneten. Mir ist heute bewusst, dass dieses Ungerechtigkeitsempfinden auch tatsächlich übertrieben und unangemessen war, weshalb es auch immer auf Unverständnis traf. Dieses Unverständnis wirkte sich wiederum verstärkend auf genau diesen unangenehmen Gefühlszustand aus, der ein heftiger Cocktail aus Ärger, Kränkung, Zorn und Ohnmacht war – ein Teufelskreis also. Ich war sehr lange Zeit der Meinung diese Gefühle zu Recht zu empfinden. Ich glaubte als einziger die Wahrheit gepachtet zu haben. Rückblickend denke ich, dass dieses Empfinden natürlich real war, weshalb für mich die Angemessenheit solcher Empfindungen, mit deren Ursachen ich mich zu diesem Zeitpunkt kaum auseinandergesetzt hatte, schwer einschätzbar war. Jedenfalls waren diese Gefühle tatsächlich vorhanden und somit wahr und echt, wenn auch einem komplizierten psychologischen und zum Teil nicht ganz nachvollziehbaren

Geflecht geschuldet. Gefühle können nicht falsch empfunden werden, auch wenn sie objektiv betrachtet unangemessen sind. Angst ist und bleibt nun einmal Angst, und Freude bleibt Freude. Allerdings kann die Ursache solcher Gefühle im Nachhinein betrachtet objektiv zwar nachvollziehbar, aber die Fixierung darauf und die Gewichtung, die diesen Ursachen gegeben wird, unangemessen hoch sein. Ebenso wie die Intensität der darauffolgenden Gefühlsreaktion. So war es auch bei mir.
Zum Beispiel waren Umweltschutz, soziale Gerechtigkeit, Flüchtlingskrisen und später auch Klimaschutz Themen, die mich ständig beschäftigten. Je mehr ich mich damit auseinandersetzte, umso mehr empfand ich Maßnahmen, die in diesen Bereichen gesetzt wurden, unzureichend, falsch, unangemessen und ungerecht. Bei den meisten Menschen wird bei der Betrachtung von Situationen ein Mechanismus aktiv, der relativiert, abwägt, der nach Ursachen und Erklärungen sucht, warum eine Situation so ist wie sie sich zeigt. Dadurch werden sich diese Menschen auf eine gesunde und schützende Art und Weise abgrenzen und die Problematiken nicht zu nah an sich heranlassen. Bei mir funktionierte das nicht. Mich trafen negativ wahrgenommene Zustände und Prognosen ungefiltert und mit voller Wucht.

Diese subjektiv wahrgenommenen Ungerechtigkeiten und die Gefühle, die sie bei mir auslösten, machten mir immer mehr und mehr zu schaffen und fraßen sich im Laufe der Jahre in meine Persönlichkeit.
Hinzu kamen vor einigen Jahren eine Scheidung, der Verkauf eines hart ersparten und selbst erbauten Einfamilienhauses, berufliche Schwierigkeiten und zu allem Überfluss eine Krebsdiagnose. Es war eine sehr schwere Zeit.

Die Folgen waren übermäßiger Alkoholkonsum, Aggressivität und teilweise erschreckende Anpassungsstörungen. Ich spürte mich selbst nicht mehr. Im Nachhinein weiß ich, dass ich meinem Umfeld am Höhepunkt dieser Entwicklung Unmögliches abverlangt habe.

Natürlich spürte ich damals deutlich, dass das so nicht weitergehen konnte. Ich spürte, dass ich mich mehr abgrenzen musste, die Dinge nicht so an mich heranlassen sollte und ich insgesamt meine Lebensumstände verändern musste. Ich probierte es mit verschiedenen Büchern, mit Psychologen, mit verständnisvollen Freunden – nichts half. Ich war allein. Meine Selbstmedikation waren Isolation und zuviel Alkohol, wohlwissend, dass das nicht die Lösung sein konnte.
Im Jahr 2017 entschied ich mich für eine lange und einsame Reise. Ich nahm mir eine berufliche Auszeit und durchwanderte von Dezember 2017 bis Mai 2018 das wunderbare Land Neuseeland am anderen Ende der Welt. Vom südlichsten Punkt des Landes, in Bluff, wanderte ich 3040 Km auf dem Te-Araroa-Trail bis an die nördlichste Spitze nach Cape Reinga. Ein wunderbares aber auch extremes Unternehmen. Zum Teil war ich tagelang unterwegs ohne eine Menschenseele zu treffen. Alles was ich brauchte hatte ich in meinem Rucksack auf den Rücken geschnallt. Diese Einsamkeit und Nähe zur Natur waren sehr heilsam - ein fantastisches Abenteuer - und ich erlebte dadurch eine momentane Metamorphose. Ich fühlte mich zum ersten Mal in meinem Leben befreit von Zwängen und unangenehmen Gefühlen. Es war wie in einem Traum. Ein Traum, aus dem es noch ein böses Erwachen geben würde.

Als ich von meiner Reise zurück kam umklammerte mich der Alltag sofort wieder. Auch meine unangenehme Gefühlswelt

begann relativ schnell wieder zu explodieren. Innerhalb kürzester Zeit war ich im selben Strudel, in dem ich mich vor meiner Reise befand, nur begann sich dieser Strudel schneller und schneller zu drehen. Depressionen machten sich breit, die ich mit Alkohol bekämpfte. „Alkohol, das Dressing für deinen Kopfsalat", wie schon Herbert Grönemeyer sang, führte nur zu weiteren depressiven Verstimmungen und diese zu weiterem Alkoholkonsum.
Zum Glück hatte ich meine Kinder, die zu mir hielten, einen kleinen Freundeskreis, der mir erhalten blieb und eine Lebensgefährtin, die mir viel Kraft gab und mir eine große Stütze war.

Ich hatte in dieser Zeit viel Gelegenheit zum Nachdenken und es kam nach und nach eine Zeit der Besinnung und der Veränderung, Schritt für Schritt brachte ich mich in einen Zustand, aus dem heraus eine Überzeugung entstand, wieder gesund, glücklich und erfolgreich zu werden. Es war ein progressiver Prozess und mir gelang innerhalb kürzester Zeit etwas, das keine Schulmedizin erklären kann. Die Erschaffung einer kraftvollen, physisch und psychisch gesunden, zuversichtlichen und zufriedenen Persönlichkeit in einem Ausmaß, wie ich es bisher in meinem Leben noch nie erlebt und empfunden habe und wie ich es mir auch nie erträumt hätte. In dieser Zeit habe ich, neben all den anderen wunderbaren Verwandlungen in meinem Leben, auch meine Krebserkrankung besiegt! Ohne Bestrahlung, Operationen und Medikamente, nur durch meinen unerschütterlichen Glauben und die Kraft meiner positiven Gedanken.
Während ich dieses Buch schrieb, erhielt ich die Nachricht, dass das Krebs Karzinom in meiner Prostata nicht mehr nachweisbar war.

Die Entdeckung des „Conviction Effects"

Der Effekt

Seit meinem Zusammenbruch im Jahr 2018 beschäftige ich mich intensiv mit einem Phänomen, das so unglaublich ist, dass es beinahe schon wie ein Wunder erscheint. Aber nein, es ist kein Wunder, sondern vielmehr eine erklärbare und großartige Kraft, die in uns Menschen steckt, die in weiten Teilen noch unerkannt in uns schlummert und tatsächlich „Berge versetzen kann". Warum darüber noch nicht mehr geschrieben, diskutiert, geforscht und auch nicht mehr informiert wurde ist mir unerklärlich. Ich nenne dieses Phänomen den Conviction Effect. Damit bezeichne ich einen sehr intensiven und starken Effekt oder auslösenden Mechanismus, der aus einer tiefen Überzeugung, einer Gewissheit (Conviction) heraus entsteht.

Der Conviction Effect ist eine Auswirkung, die einem konkreten Wunsch entspringt, welcher getragen ist von der tiefen Überzeugung des Wunschträgers, in der Lage zu sein diesen Wunsch wahr werden zu lassen, wobei die Wunschvorstellung den Bedürfnissen dieses Trägers entsprechen und für diesen Sinn und Bedeutung haben muss.

Voraussetzungen für die Entstehung des Conviction Effects sind somit:

1. Der Wunsch muss konkret sein. Allgemeine Wünsche wie
   Ich möchte ein gutes Leben haben, ich würde gern

gut aussehen, ich wünsche mir reich zu sein, ich will zufrieden sein, ich wünsche mir gesund zu sein, können im Unbewussten nicht klar erfasst werden. Besser wäre es beispielsweise sich zu wünschen 10 Kg Körpergewicht abzunehmen und noch besser wäre der Wunsch 10 Kg Körperfett zu verlieren.
Je konkreter und genauer der Wunsch ist, desto besser.

2. Der Erreichung der Wunschvorstellung muss die tiefe Überzeugung, das Schicksal selbst in die Hand nehmen zu können, zugrunde liegen. Mit Überzeugung meine ich auch tatsächlich diese tiefe Einstellung, die dieses Wort zum Ausdruck bringen will. Eine Einstellung mit der etwas grundsätzlich Selbstverständliches erwartet wird, wie das Aufgehen der Sonne am Morgen oder die Tatsache, dass nach dem Leben der Tod steht, wie auch immer dieser Tod und alles was danach kommt aussieht. Einen Grundsatz, ein Gesetz, nicht bloß einen Glauben, sondern vielmehr die absolute Überzeugung, die Gewissheit über das Eintreten einer Tatsache, etwas das feststeht und woran sich nicht Rütteln lässt.

3. Der Wunsch muss aus einem verstehbaren Bedürfnis heraus entspringen. Damit meine ich, es muss einen nachvollziehbaren und einen als sinnvoll empfundenen Bedarf geben oder anders gesagt, der Wunsch muss für die Wunschträger Sinn und Bedeutung haben. Sich zu wünschen mehr von etwas zu haben, das ohnehin schon im ausreichenden Maß vorhanden ist, etwa einen Sportwagen, wenn die Garage bereits aus allen Nähten platzt, ein Collier, das in der überfüllten

Schmuckkiste keinen Platz mehr hat oder mehr Geld, wenn man ohnehin bereits zur wohlhabenden Gruppe der Menschen gehört, reicht hier nicht aus und hat wenig Kraft im Hinblick auf die Auslösung des Conviction Effects. Das bedeutet somit auch, dass materielle Wünsche wenig Wirkung auf den Conviction Effect und somit auch wenig Chance auf Verwirklichung haben. Insbesondere, wenn der erforderliche Bedarf nicht gegeben ist. Wir können dem Unbewussten in dieser Hinsicht kein Schnippchen schlagen. Durch die Verknüpfung des Wunsches mit einem nachvollziehbaren Bedürfnis bekommt dieser auch Sinn und Bedeutung für den Träger.

Mit Effekt meine ich die Auswirkungen, die dem Zusammenspiel aus konkretem Wunsch, tiefer Überzeugung sowie Sinn und Bedeutung entspringen. Diese Auswirkungen erzeugen einen Zustand, der wie ein Auslöser, wie die „Zündung“ einer Entwicklung, eines Mechanismus, einer Veränderung oder besser eines Fortschrittes wirkt, der zur Erreichung eines konkreten Ziels führt.

Faktoren, die zum Ziel führen sind demnach,

1. die durch Überzeugung getragene hohe Erfolgserwartung,
    a. abhängig von der Einschätzung der eigenen Möglichkeiten, die erforderlich sind, um das Ziel zu erreichen und
    b. abhängig von der Einschätzung bestehender Hindernisse (wobei hier eine realistische Einschätzung am erfolgversprechendsten ist).

2. der Grad der Bedeutung und des Sinns, der der Zielerreichung eingeräumt wird.

Dieser Conviction Effect ist in unserem Leben in verschiedenen Ausprägungen und Stärken präsent. Je tiefer die Überzeugung, je dringender und nachvollziehbarer das Bedürfnis, desto höher die Wahrscheinlichkeit, dass er ausgelöst wird. Die Herausforderung bei der Sache ist, dass sich eine tiefe Überzeugung nicht einfach auf Kommando abrufen lässt. Man kann schon denken oder sagen: „Ich bin absolut überzeugt davon, dass ich im nächsten Jahr einen Marathon laufe, Abteilungsleiterin werde, 1000 Euro mehr verdiene". Aber so einfach ist es leider nicht, so leicht können wir nicht auf unseren Geist Einfluss nehmen. Dazu braucht es mehr – aber mehr wovon?

Um diesem Geheimnis auf den Grund zu gehen habe ich mich entschieden zu recherchieren, zu forschen und ein Buch darüber zu schreiben, das einerseits den Conviction Effect anhand unterschiedlicher Thesen erklärt und bestätigt und andererseits auch Ratgeber für jene ist, die nachhaltige und positive Veränderung anstreben und diesbezüglich Hilfe suchen.

Alle Inhalte dieses Buches wurden von mir sorgfältig recherchiert und basieren auf Quellen, die im Literaturverzeichnis angeführt sind. Aufgrund dieser Quellen ziehe ich meine Schlüsse, die sorgfältig überlegt und dennoch von mir gezogen und somit auch subjektiv sind. Dennoch oder gerade deshalb habe ich besonderen Wert darauf gelegt, dass die Schlussfolgerungen gut nachvollziehbar sind.

Je mehr und je länger ich mich mit dem unglaublichen Phänomen des Conviction Effects beschäftigte, desto klarer wurde mir, dass ich bereits sehr früh, in einer Zeit als ich noch eine Laufbahn als Sportler einschlagen wollte, auf diesen Effekt gestoßen bin, den ich damals allerdings noch nicht erklären und zuordnen konnte.
Dieser damals von mir wahrgenommene Effekt bestand im Wesentlichen darin, dass die eigene Überzeugung über Erfolg oder Niederlage einer Aktion den Ausgang derselben entscheidend beeinflusste, ja sogar das ausschlaggebende Momentum darstellte.

Begonnen hat alles beim Mountainbiken. Dabei machte ich meine ersten Erfahrungen mit diesem Phänomen. Mir fiel immer wieder auf, dass ich Trail-Passagen, die technisch sehr schwierig zu befahren waren, ohne Probleme meistern konnte. Dann wiederum gab es einige Strecken auf denen ich immer wieder zu Sturz kam, obwohl sie nicht annähernd so schwierig waren als jene, die ich problemlos schaffte. An eine solche Strecke kann ich mich noch besonders gut erinnern. Es war eine mittelmäßig steile Downhill Passage mit vielen Wurzeln und Steinen. Als ich sie zum ersten Mal befuhr stand ich zwei Tage vor einem Wettkampf und überlegte mir beim Anblick des Hanges, ob ich nicht die Ausweichstrecke nehmen sollte, um dem Risiko eines eventuellen Sturzes aus dem Weg zu gehen und die Teilnahme an dem bevorstehenden Wettkampf nicht zu gefährden. Grundsätzlich eine nachvollziehbare und vernünftige Überlegung. Aber da die Strecke nicht viel anders war als viele, die ich im normalen Training auch befuhr, entschied ich mich es zu wagen. Allerdings

mit einem Hintergedanken: Nicht zu stürzen! Dieser Gedanke setzte sich in meinem Kopf fest. Ich glaube sie können sich jetzt schon denken was kam: Natürlich, ich stürzte. Ich sah den Sturz förmlich kommen, sah das Wurzelgeflecht, das den Trail durchzog und wusste noch bevor mein Vorderrad an dieser Stelle ankam, dass ich zu Fall kommen werde. Unvermeidlich und unausweichlich kam es dazu, wie eine Vorsehung, ein Schicksal, dem man ungewollt ausgeliefert war! Unglaublich! Zum Glück zog ich mir durch den Sturz keine schweren Verletzungen zu, den Wettkampf konnte ich jedoch abhaken, so wie in meinen Befürchtungen.
Nun gut, viele werden nun zu Recht sagen so ein Sturz kann passieren. Stimmt natürlich! Aber das außergewöhnliche war, dass ich diese Strecke seit diesem Zeitpunkt nie mehr ohne Sturz bewältigte. Ich probierte es immer und immer wieder bis ich letzten Endes meiner Gesundheit zuliebe aufgab.
Aus heutiger Sicht ist mir klar, warum ich immer scheiterte: Ich zweifelte, ich glaubte nicht daran es zu schaffen, war in keiner Weise überzeugt von meinem Erfolg – ja im Gegenteil ich glaubte mit einer hohen Wahrscheinlichkeit an ein Scheitern. Ab diesem Zeitpunkt wurde ich auf mehr und mehr ähnliche Erlebnisse aufmerksam. Es ging sehr häufig um sportliche Erlebnisse und somit auch um Sieg oder Niederlage und immer war dieser Conviction Effekt, die Macht der Überzeugung, im Spiel.
Ganz besonders auffällig war beispielsweise auch bei Erkrankungen (bei sehr intensiven sportlichen Tätigkeiten ist man in hohem Maße anfällig für Erkältungskrankheiten), dass meine Einstellung ganz entscheidend war für den Ausbruch oder das Ausbleiben einer Erkältung oder eines grippalen Infektes. Häufig spürte ich nach intensiven Lauf- oder Schwimmeinheiten ein Kratzen im Hals oder einen Niesreiz,

also Symptome, die auf eine beginnende Erkältung hindeuteten. Machte ich mir deswegen Sorgen und verschwendete viele Gedanken an eine nahende Erkrankung, endete das immer mit einer ordentlichen Erkältung. War ich allerdings überzeugt nicht krank zu werden und tat die Symptome als momentane Reaktion auf die sportliche Betätigung ab, blieb ich immer gesund.

Diese überzeugte Einstellung funktioniert bei mir mittlerweile sehr gut und ich bin wirklich sehr selten fiebrig oder erkältet.

Von Dezember 2017 bis Mai 2018, während meiner Trekkingtour durch die Wildnis Neuseelands, schützte mich mehrfach die Kraft meiner Überzeugung in vielen schwierigen Situationen und dieser Kraft habe ich es auch zu verdanken, dass ich dieses Abenteuer durchhielt und gesund beendete. Besonders erwähnenswert erscheint mir, dass ich beispielsweise bei den vielen Flussüberquerungen, vor denen in einschlägiger Literatur und in Foren immer wieder gewarnt wurde und die als das gefährlichste Element auf diesem Trail galten, weil viele Flüsse oft sehr viel Wasser führten und man mit einem schweren Rucksack bei reißender Strömung nicht das Gleichgewicht verlieren sollte, nie stürzte oder in Schwierigkeiten geriet. Oder, dass ich mir während der gesamten 3040 Kilometer, die ich zu Fuß zurücklegte, keine einzige Verletzung zuzog, trotz des manchmal sehr kalten und regnerischen Wetters nie krank wurde und dass ich keine einzige Blase an meinen gequälten Füßen bekam. Das war sehr ungewöhnlich und führte bei viele Extrem-Hikern zu Kopfschütteln, während sie ihre eigenen mit Blasen und offenen Stellen übersäten Füße behandelten, und offene Scheuerstellen an den Schultern verarzteten, die das Tragesystem des oft über 20 Kilogramm schweren Rucksacks hinterließ. Ich traf einige Hiker, die in Folge eines Knochenbruches oder einer

anderen schweren Verletzung den Trail abbrechen mussten und in Hütten oder Zelten auf den Abtransport durch einen Helikopter warteten, den sie über ein spezielles Alarmgerät über GPS verständigt hatten. Ein solches Alarmgerät hatte ich nicht bei mir – unvernünftig, werden viele denken - ja vielleicht, aber ich war absolut überzeugt, dass ich ein solches Gerät nicht brauchen würde und habe recht behalten.
Diese geschilderten Erlebnisse und noch viele mehr bestärkten mich in meiner Meinung, dass jede Person ihr Schicksal im wahrsten Sinne des Wortes selbst in der Hand hat und dass der Ausgang von Ereignissen ganz stark mit der persönliche Einstellung und Überzeugung zusammenhängt. Ist man überzeugt zu scheitern, so wird das auch eintreten, ist man jedoch überzeugt eine Herausforderung zu meistern, ein Ziel zu erreichen, dann wird man mit hoher Wahrscheinlichkeit erfolgreich sein.
Warum sonst lässt es sich erklären, dass manche Sportler mit demselben Training wie ihre Konkurrenten, mit denselben physiologischen Voraussetzungen, demselben Support durch Trainer, immer gewinnen, die Konkurrenz immer und immer wieder um Längen oder Sekunden schlagen und selbst durch Krankheit und Verletzungen nicht aufzuhalten sind.
Durch meine eigenen Erfahrungen und meine Nachforschungen zog mich dieser geheimnisvolle Effekt mehr und mehr in seinen Bann. Ich fing an mit meiner eigenen Einstellung, mit meiner Überzeugung, aber auch mit meinen Zweifeln zu experimentieren und die Ergebnisse dabei bestärkten mich absolut in meiner Erkenntnis, dass es diesen geschilderten Zusammenhang zwischen Überzeugung und Erfolg oder Scheitern gibt.

Ob du denkst du kannst es oder ob du denkst du kannst es nicht: Du wirst auf jeden Fall recht behalten.
(Henry Ford)

Die Kraft des Bewusstseins

„Ich denke, also bin ich", meinte der französische Philosoph René Descartes. Denken und sich des eigenen Seins bewusst zu sein, bedingen sich nach Ansicht des Philosophen gegenseitig. Das Bewusstsein der eigenen Existenz ermöglicht demnach unser Erleben und unser Denken. Dieses Denken setzt wiederum unser Bewusstsein voraus.

Nun ist es leider so, dass es zum Bewusstseinsbegriff keine einfache und eindeutige Erklärung gibt. Das menschliche Bewusstsein ist nach wie vor ein großes Rätsel der Natur. Jeder von uns erlebt, erfährt und kennt es und doch lässt es sich schwer erklären. Kein Wunder, dass sich aufgrund der vielen offenen Fragen ein eigener Forschungszweig entwickelt hat: die Bewusstseinsforschung.
Innerhalb dieser Forschung kursieren viele Betrachtungsweisen und Erklärungsversuche, je nachdem worauf der Blickwinkel gerichtet ist.
Der Experimentalwissenschaftler Wolfgang Vogel meint: „In der Mentalforschung, einer Disziplin der Bewusstseinsforschung, wird das Bewusstsein als das subjektive Erleben eines Menschen und als mentales Phänomen dargestellt. Damit sind alle Sinneswahrnehmungen, Körperempfindungen, Emotionen, Wünsche, Triebe und Bedürfnisse, die wir als Menschen subjektiv erleben, gemeint. Unser Wahrnehmen, Denken, Fühlen und Wollen."

Auf der Plattform für psychische Gesundheit und Nervenerkrankungen, herausgegeben von Berufsverbänden und Fachgesellschaften für Psychiatrie, Kinder- und Jugendpsychiatrie, Psychotherapie, Psychosomatik, Nervenheilkunde und Neurologie aus Deutschland und der Schweiz, findet sich folgende Definition für das Bewusstsein: „In seiner engsten Definition beschreibt der Begriff Bewusstsein die Fähigkeit des Menschen zur Wahrnehmung des eigenen Ichs. Diese Selbsterkennung als eigenständiges Individuum ist das wesentliche Merkmal, das Menschen, mit Ausnahme einiger Menschenaffen, von anderen Tieren unterscheidet."
Ich habe versucht, anhand der vielen Erklärungsmodelle zum menschlichen Bewusstsein eine zusammenfassende, verständliche und kompakte Definition zu finden und muss zugeben, dass ich dabei gescheitet bin. Das Bewusstsein kann man nicht mit einfachen und kurzen Worten umfassend beschreiben. Auch ich kann nur mit einer ungenügenden Definition aufwarten, die das Bewusstsein als die Gesamtheit der komplexen, kognitiven und neuronalen Prozesse beschreibt, die es uns ermöglichen, Wahrnehmung und Empfindungen zu erkennen, bewusst (nachvollziehbar und abrufbar) zu verarbeiten und dadurch für uns erlebbar zu machen.
Grundsätzlich kann gesagt werden, dass die angesprochene bewusste Nachvollziehbarkeit und Abrufbarkeit nur für einen sehr geringen Teil all unserer Wahrnehmungen zutrifft. Der überwiegende Teil ist uns nicht uneingeschränkt zugänglich und befindet sich in den Weiten unseres Unbewussten.

Jedenfalls sind die geistigen Fähigkeiten des Menschen enorm. Dr. Ulrich Warnke, Biologe, Physiker und Pädagoge hat dies in seinem Buch „Quantenphilosophie" sehr anschau-

lich beschrieben: Stellen wir uns die Frage warum unser Körper funktioniert. Wie kommt es, dass ich sprechen oder laufen kann? Oder nehmen wir ein ganz einfaches Beispiel für unsere willentliche Motorik: „Ich will meinen rechten Arm heben“, sage ich – und die Materie des Armes hebt sich tatsächlich gegen die Schwerkraft.
„Das ist ja lächerlich simpel“, sagen sie vielleicht spontan und aus der Gewohnheit heraus. Aber schauen sie sich den Satz, der mit: „Ich will...“ beginnt, einmal genauer an. Ich frage sie: „Wer ist ich? Wer oder was ist mein Wille? Und warum kann ich mit einem geistigen Prinzip – das mein Wille ja wohl ist – die Materie meines Armes beeinflussen?“ Denn dieser gehorcht in seiner mechanischen Bewegung exakt meinem Willen, sofern mein Körper unversehrt ist.
Das Geheimnis lässt sich also wie folgt umschreiben: Geist steuert die Materie unseres Körpers in jedem Augenblick unseres täglichen Lebens. Wie sonst könnten wir mit nichts anderem als unserem Willen – einem puren geistigen Prinzip – sprechen, laufen und alle anderen motorischen Aktivitäten ausführen?
Ohne Bewusstsein existiert nichts – tatsächlich überhaupt nichts - auf dieser Welt. Alles, wirklich alles, was wir über diese Welt wissen; alles, was unsere Welt ausmacht, alles Erdenkliche ist bis zu diesem Zeitpunkt immer und ausschließlich über das menschliche Bewusstsein gelaufen.
Wenn es kein Bewusstsein gibt, kann auch nicht bewiesen werden, dass es die Welt und das gesamte Universum gibt. Wenn nirgendwo ein Bewusstsein vorhanden ist, gibt es auch keine „Ichs“, keine Umwelt, keine Natur, keine Sonne, keinen Kosmos. Daraus erfolgt im Umkehrschluss, dass das Bewusstsein alles erschafft – alles was existiert; alles, was wir über unsere Sinne erfahren; alles was wir erleben; alles, woran wir uns erinnern.

Alles, was wir über die Welt wissen und was diese Welt ausmacht ist eine Konstruktion unseres Bewusstseins als eine Summe unseres Wissens, unseres Glaubens und unserer Erfahrungen. Damit werden die gesamte Bedeutung und die Kraft des menschlichen Geistes bewusst.
Der Physiker John Archibald Wheeler sagte: „Die wichtigste Lehre aus der Quantenmechanik ist, dass physikalische Phänomene durch die Frage, die wir nach ihr stellen, definiert werden.“ Die Frage entscheidet demnach über die Antwort. Fragen wir nach Teilchen, sehen wir eine Teilchenkonstruktion, fragen wir nach Wellen, sehen wir eine Welle, fragen wir nach Wissen, erleben wir informationsträchtige Entitäten, die Erfahrungen sammeln. Unsere vermeintlich objektive Alltagswelt folgt demnach dem Gesetz von Frage und Antwort. Übersetzt auf das Alltägliche bedeutet das: Fragen wir nach Freundlichkeit, verändern wir mit freundlichem Blick unser Umfeld und empfangen Freundlichkeit. Fragen wir nach Hass, aggressiv aufgeladen und feindselig, begegnet uns eine hasserfüllte Wirklichkeit. Das führt uns zu dem Schluss, dass wir es sind die Realität erschaffen – mit unserem Bewusstsein.

Das Leben

Das Leben ist kein Kinderspiel, das ist allgemein bekannt. Es ist ein ständiges Auf und Ab. Selbst ohne besondere Schicksalsschläge gibt es gute und schwierige Phasen. Die Gründe für solche Phasen sind ebenso wie die Faktoren die sie beeinflussen vielfältig. Beispielsweise unsere momentane körperliche und psychische Verfassung, die Zeit, die wir für uns haben, inwieweit wir unseren Alltag als erfüllend und sinnvoll betrachten, die Ziele und Perspektiven, die wir haben, unsere Erholungs- und Ruhephasen, der nächtliche Schlaf und vieles mehr. Dazu kommen Umstände wie Harmonie oder auch Disharmonie in der Familie oder mit dem Partner, Überforderung oder manchmal auch Unterforderung im Beruf, ein ungerechter Chef oder aber auch Zufriedenheit mit der Arbeit, als sinnvoll und wichtig erachtete Tätigkeiten und angenehmes oder unangenehmes Betriebsklima. Auch Stress ist ein Faktor, der die Lebensqualität stark beeinträchtigen kann. Diese Liste von lebensbeeinflussenden Faktoren, die letztendlich unseren Alltag bestimmen und für Sonnen- und Schattenseiten unseres Lebens verantwortlich sind, ist lang. Die meisten von uns können damit einigermaßen gut umgehen, insbesondere dann, wenn positive Faktoren überwiegen oder sich Positiv und Negativ zumindest die Waage halten, sodass kein dauerhafter, unerträglicher Zustand entsteht und die Perspektive auf Besserung unser Durchhaltevermögen stärkt.

Leider werden manchmal massive gesundheitliche, wirtschaftliche oder soziale Tiefpunkte als sehr nachhaltig empfunden. Eine Aussicht auf Besserung scheint nicht in Sicht, das vielzitierte „Licht am Ende des Tunnels" fehlt und Hoffnungslosigkeit macht sich breit. Wir erleben uns dann als

hilflose und ohnmächtige Protagonisten des eigenen Lebens. Das kann sehr frustrierend, bedrohlich und in manchen Fällen auch angsteinflößend sein.
Beispielsweise Alkoholismus, Drogensucht, Krebserkrankungen, Arbeitslosigkeit, hohe Verschuldung, Scheidung, die Trennung von den Kindern, der Tod eines Angehörigen und vieles mehr können uns ordentlich aus der Bahn werfen. Vergleichbar mit tiefen und dunklen Schluchten und Tälern, auf die wir während unserer Wanderung durch das Leben stoßen. Täler und Schluchten, die wir durchwandern müssen, um weiter zu kommen auf unserem Lebensweg. Verharren wir darin und fehlen uns Motivation und Kraft, den Gegenhang wieder hinauf zu marschieren, bleiben wir auf unserem Lebensweg stecken und beenden diesen möglicherweise dort. Jede Person, die ein solches Tal bereits einmal überwunden und den Aufstieg aus dem Tal heraus gemeistert hat, kennt die Anstrengungen, die es braucht den steilen Hang wieder hinaufzuklettern. Jede Person, die das bereits mitgemacht hat, weiß aber auch, dass es möglich ist und sie das schaffen kann. Sie glaubt es nicht nur sondern sie weiß es, sie hat Gewissheit, sie ist überzeugt davon. Aus dieser Überzeugung heraus schöpft sie die Kraft, die Motivation, das Durchhaltevermögen und alles was nötig ist um die Anstrengungen und die Schmerzen auszuhalten, die dieser Aufstieg mit sich bringt, um weiterzugehen auf dem Pfad des Lebens, um das Licht in der Höhe wieder zu sehen und um glücklich zu sein.
Allein der positive Gedanke es zu schaffen reicht nicht aus. Vielmehr braucht es das damit verbundene Gefühl der Sicherheit, den Weg aus dem Tal zu finden. Der Wunsch, die Hoffnung und auch der Glaube es zu schaffen sind zu wenig. Es braucht die absolute Gewissheit und Überzeugung. Wir

müssen uns so sicher sein, dass wir alles darauf setzen würden. Nur der leiseste Zweifel ist beim Anstieg hinderlich. Innere Dialoge - wir alle kennen die gedanklichen Zwiegespräche mit unserem „inneren Schweinehund“ – beispielsweise über die eigenen Fähigkeiten: „ich bin zu schwach“, „ich bin zu dumm“, „ich bin zu ängstlich“ usw. sind kontraproduktiv. Wir benötigen das Gefühl der absoluten Zuversicht in uns.

Die Finsternis in diesem Tal,
macht Angst und ist bedrückend,
die Zuversicht sie treibt mich an,
das Licht wieder erblickend.

Selbstbestimmt das eigene Leben gestalten

Der Mensch ist nichts anderes, als was er selbst aus sich macht. (Jean-Paul Sartre)

Sie sind unzufrieden oder gar unglücklich mit ihrem Leben? Sie hoffen auf Besserung und legen dabei die Hände in den Schoß? Dazu kann gesagt werden: Lediglich auf bessere Zeiten zu warten erweist sich beinahe immer als Tücke. Wenn sie ohne Zutun darauf setzen, dass sich etwas verändert, dass sie Angebote, Chancen oder Hilfe erhalten, frei nach dem Motto, andere sollen das liefern, was sie vermissen, was ihnen fehlt, werden sie lange auf eine Verbesserung warten. Sie selbst sollten ihr Leben in die Hand nehmen und selbstbestimmt Maßnahmen setzen, um ihre Lage zu verändern. Besinnen sie sich auf ihre Fähigkeiten und Ressourcen. Sie können nicht davon ausgehen, das andere wissen was sie wollen und sollten nicht erwarten, dass andere ihnen den

Weg vorgeben. Sie allein kennen ihre Wünsche und Bedürfnisse am besten. Wenn sie sich darüber noch nie Gedanken gemacht haben, sollten sie das dringend tun. Wer möchte, dass sich im Leben etwas ändert, muss möglicherweise zuerst sich selbst ändern. Dazu gehört, sich nicht an der eigenen Vergangenheit aufzuhängen, sich nicht an vergangenen Kränkungen und Enttäuschungen zu strangulieren. Nehmen sie ihr Leben selbst in die Hand! Dadurch gelangen sie zu einer Zufriedenheit, die sich auch auf ihre Gesundheit positiv auswirken wird.

Leichter gesagt als getan meinen sie?
Jeder Mensch sollte seine Wünsche kennen und Ziele entwickeln. Wenn sie unzufrieden sind versuchen sie mit sich selbst in einen Dialog zu treten. Fragen sie sich: „Was macht mich zufrieden und glücklich?“ Vermeiden sie die umgekehrte Frage: „Was macht mich unglücklich und unzufrieden?“ Das wäre kontraproduktiv, da sie mit dieser Frage ihre Aufmerksamkeit auf Probleme lenken und diese dadurch verstärken. Gedanken haben eine schöpferische Kraft und demnach ist es nicht möglich ein Problem wegzudenken. Beschäftigen sie sich mit dem, was sie wollen und nicht mit dem, was sie nicht wollen.

Das warten auf bessere Zeiten nimmt - früher oder später meist ein schlechtes Ende.
(Ernst Ferstel)

Auf die Frage, was sie glücklich und zufrieden macht, werden sie sich selbst nicht sofort eine umfassende Antwort geben können. Geben sie sich ein wenig Zeit und die Antwort wird kommen. Nehmen sie Block und Stift zu Hilfe und beginnen sie Ihre Wünsche und Ziele nieder zu schreiben. Führen sie

ein Tagebuch. Das ist eine gute Möglichkeit, das eigene Leben zu reflektieren. Machen sie das über einen längeren Zeitraum. So lange, bis sie einigermaßen Klarheit über ihr Leben haben. Möglicherweise klärt sich während des Schreibens schon vieles. Oft reicht es Kleinigkeiten zu verändern. Manchmal reicht es die Tage klarer zu strukturieren. Auch ein Gespräch kann Wunder bewirken. Gelegentlich braucht es jedoch auch mehr an Anstrengung. Sie allein können diese erforderlichen Veränderungen erkennen und einleiten.
Sollte ihnen das alles schwer fallen, dann gibt es die Möglichkeit sich aufzurichten und Hilfe zu suchen. Scheuen sie sich nicht diesen Schritt zu machen. Auch das ist selbstbestimmtes Handeln.

Ein frei denkender Mensch bleibt nicht da stehen, wo der Zufall ihn hinstößt.
(Heinrich von Kleist)

Erklärungen und Thesen zum Conviction Effect

Der Sinn des Lebens

Eine positive Lebenseinstellung und die Überzeugung, das Leben habe einen Sinn, man könne es eigenverantwortlich handhaben und sei den Lebensumständen nicht hilflos ausgeliefert, sind grundlegende und wichtige Einstellungen für die Bewältigung von Herausforderungen. Sie sind auch bedeutungsvoll für die Auslösung des Conviction Effects und letztlich sind sie unumgänglich für ein glückliches, zufriedenes und erfolgreiches Leben.

Um uns in unserer Umwelt und unserem Leben zurechtzufinden, haben wir Menschen das starke Bedürfnis den Sinn des Lebens zu ergründen und befinden uns auf einer ständigen Suche nach Stimmigkeit. In der Welt, in der wir leben, ist es hilfreich, sich auszukennen und zurechtzufinden. Zusammenhänge zu verstehen verbessert die Überlebenschancen. Zudem ermöglicht es Strategien festzulegen, die uns in der Überzeugung stärken eine Situation auch bewältigen zu können. Dieser Grundsatz hatte vor Jahrtausenden, als wir Menschen natürlichen Gefahren wesentlich stärker ausgesetzt waren, dieselbe Gültigkeit wie heute. Weil wir dieses Verständnis, diesen Sinn, diese Stimmigkeit brauchen, mögen wir keine Zufälle und kein Chaos. Dort wo Zufall und Chaos regieren haben wir wenig Einfluss und das verunsichert uns.

Viktor Frankl, österreichischer Psychiater und Wissenschaftler, Begründer der Logotherapie, meinte: „Wer um den Sinn seines Lebens weiß, dem verhilft dieses Bewusstsein mehr als alles andere dazu, äußere Schwierigkeiten und innere Beschwerden zu überwinden"
Basierend auf der Aussage von Viktor Frankl glaube ich, dass es ein großer Irrtum wäre, zu glauben es gäbe keinen tieferen Sinn des Lebens. Der Sinn des Lebens, unseres menschlichen Daseins, besteht darin – und darauf weist vieles hin - ein gutes Leben zu führen.

Sinn und Stimmigkeit können wir erreichen, indem wir etwas Bedeutung geben. Eine Beziehung kann Bedeutung für uns haben. Ebenso eine bestimmte Tätigkeit, ein Hobby, ein Beruf, eine ehrenamtliche Tätigkeit und vieles mehr. Ist etwas bedeutungsvoll für uns, hat es somit auch Sinn und stillt unser Bedürfnis nach Stimmigkeit.
Im Zuge unseres Bestrebens haben wir Menschen uns eigene Bereiche geschaffen, in denen wir Stimmigkeit erleben. Als ein Beispiel möchte ich die Kunst nennen und im Besonderen die Musik. Wir haben uns mit Musik eine Form der absoluten Stimmigkeit geschaffen. Musik ist in der Regel logisch, zusammenhängend und nachvollziehbar. Durch Takte, Notenwerte und Tonlage ist sie für uns stimmig. Der Rhythmus von Musik ist in den meisten Fällen durch unsere Erfahrungen in Bezug auf Bewegungen, durch Tanz, durch unsere Schritte zur Fortbewegung und durch unseren Herzschlag etwas sehr Vertrautes, Bedeutsames und Verstehbares. Musik ist tief in uns Menschen verankert und vermittelt Stimmigkeit und Sinn.

Im Wesen der Musik liegt es, Freude zu machen.
(Aristoteles)

Schüler in Finnland nahmen an einer Studie teil, die die positiven Auswirkungen von Musik bestätigte. Nachdem die Schüler Musik gehört hatten, waren bis zu 78 Gene aktiver als davor. Genau jene, die kognitive Leistungen fördern und zudem die Ausschüttung und den Transport des Glückshormons Dopamin anregen. Parallel dazu wurden hirnschädigende Substanzen minimiert. Viele ähnliche Untersuchungen bestätigen mittlerweile diese positive Wirkung von Musik. Das zeigt, dass Musik in unserer Natur liegt und eine tiefe Bedeutung für uns hat und somit Stimmigkeit vermittelt.

Um Sinn und Stimmigkeit zu erreichen, müssen Gegebenheiten, Tatsachen, alles was wir mit unseren Sinnen erfassen und fühlen in Bezug stehen zu unseren Erfahrungen und zu unserem Sein. Wir müssen es verstehen.
Bei der Sinnfindung in unserem Leben sollten wir unter anderem auch einen Aspekt bedenken - und hier möchte ich an die Meinung des Wiener Mediziners Prof DDr. Johannes Huber anknüpfen: Alles was wir tun, unser Umgang mit unserer Umwelt, wie wir sie schützen oder was wir ihr antun, hat Auswirkungen auf uns, die weit über das hinausgehen was wir bisher angenommen haben. Beides entscheidet nicht nur über Aussterben und Fortbestand von Tier- und Pflanzenarten, über den Zustand unserer Strände und Meere und über das Klima, es entscheidet auch darüber, wie wir sind, wie wir denken und wie wir miteinander umgehen, also auch über den inneren Zusammenhalt unserer Gesellschaft und damit letztendlich über deren Fortbestand.
Dieser Ansatz veranschaulicht einmal mehr wie sehr wir als Individuum mit unserer Umwelt verbunden sind und wie sehr der Umgang mit unserer Umwelt Stimmigkeit oder auch Unstimmigkeit erzeugen kann. Wenn wir uns unserer Um-

welt bewusst sind, sie verstehen und ihr die Bedeutung zukommen lassen, die ihr gebührt, wird sie unserem Leben Sinn geben, sind wir doch ein Teil von ihr.
Und umgekehrt betrachtet zeigt unser Streben nach Stimmigkeit, nach Bedeutung und Sinn, wie wichtig es für unser Gehirn ist, die Umwelt in Zusammenhang mit unseren Erfahrungen zu bringen und somit verstehbar und nachvollziehbar zu machen. Ist es dabei erfolgreich, so erleben wir unser Leben als stimmig und sinnvoll.

Viele Untersuchungen zeigen, dass bei den unterschiedlichen Anstrengungen, die das Leben mit sich bringt, neben Sinn und Stimmigkeit auch folgende Faktoren maßgeblich verantwortlich für die Bewältigung von herausfordernden Lebenssituationen sind. Oder präziser ausgedrückt, das Vorliegen folgender Faktoren ist erforderlich, um in der Lage zu sein einen Sinn in einem Handeln zu erkennen und die Motivation zu finden diese Handlungen einzuleiten:

1. Das Verstehen der Situation.
2. Der Glaube an die Handhabbarkeit dieser Situation.
3. Die Sinnhaftigkeit bzw. Bedeutsamkeit dieser Handhabung im Sinne eines guten Lebens.

Aaron Antonovsky (1923 - 1994), ein bekannter und bedeutender Soziologe und Forscher, widmete sich in seinen Untersuchungen und Forschungen der Bewältigung von Stimuli und Reizen beziehungsweise Einflüssen, die von außen auf uns Menschen einströmen und uns vor entscheidende Herausforderungen stellen. Auch er vertrat die These, dass die Verstehbarkeit, die Einschätzung der Handhabbarkeit und die Einschätzung der Bedeutsamkeit der Handhabung wichtig für eine positive Bewältigung dieser Einflüsse seien.

Bei diesen Stimuli, Reizen und Einflüssen, wie sie Antonovsky beschreibt, sind schwierige Lebenssituationen und Krisen gemeint, die Menschen meist vor große Herausforderungen stellen und deren Bewältigung für den Verlauf des weiteren Lebens ganz entscheidend sind. Um das Bild etwas klarer zu machen, möchte ich näher auf die Faktoren Verstehbarkeit, Handhabbarkeit und Bedeutsamkeit eingehen.

Verstehbarkeit, damit ist das Ausmaß gemeint, mit dem Personen das Leben im Allgemeinen und Schicksalsschläge und schwierige Lebensphasen im Besonderen verstehen, einordnen und erklären können. Schlittert beispielsweise eine Person infolge von Scheidung und Geldmangel in eine emotionale und wirtschaftliche Krise und kann Sie diese verstehen, einordnen und erklären – z.B. „*wir haben uns nicht mehr geliebt, weshalb wir uns scheiden ließen. Dadurch dass jeder von uns nun Wohnung, Auto und Lebensunterhalt braucht, werden die Lebenserhaltungskosten für die einzelne Person wesentlich steigen und es wird für beide eine schwierige Situation*" – wäre die Komponente der Verstehbarkeit soweit erfüllt. Menschen, die diese Verstehbarkeit in hohem Maß erlangen, können Ereignisse einordnen und somit die Grundlage für das Ergreifen von weiteren Maßnahmen legen.

Handhabbarkeit ist die zweite Komponente, die Aaron Antonovsky in diesem Zusammenhang nennt. Er beschreibt sie als jene Messgröße, mit der eine Person wahrnimmt, dass sie geeignete Ressourcen zur Verfügung hat, um den Anforderungen zu begegnen, die von einem Ereignis ausgehen mit dem sie konfrontiert wird. Also die Einschätzung der eigenen Bewältigungsmöglichkeiten und -fähigkeiten. Menschen mit einer hohen Überzeugung ob der Handhabbarkeit einer Situation werden sich nicht durch Lebensereignisse in eine

Opferrolle drängen lassen oder sich vom Leben ungerecht behandelt fühlen: Bedauerliche und schwierige Vorfälle ereignen sich leider im Leben. Wenn sie auftreten, sollte man mit ihnen umgehen können und nicht endlos hadern und trauern oder gar verzweifeln.

Bedeutsamkeit, die dritte Komponente, meint schließlich jenes Maß, mit dem man das Leben generell als sinnvoll empfindet. Inwieweit man es wichtig, wert- und sinnvoll erachtet Energie zu investieren, um im Leben gestellte Probleme und Anforderungen zu bewältigen. Im Wesentlichen geht es um die Erkenntnis, dass das in die Waagschale geworfene gute Leben mehr Gewicht hat, als der Aufwand, der betrieben werden muss, um dieses gute Leben mit allen Fallen, Irrwegen und Herausforderungen zu bewältigen.

Die drei Komponenten Verstehbarkeit, Handhabbarkeit und Bedeutsamkeit sind eng miteinander verbunden und die Intensität derselben sollte in annähernd gleichem Ausmaß und in gleicher Stärke vorhanden sein. Durch Lebenserfahrungen können Menschen hohe Werte in einem Bereich und niedrige in einem anderen aufweisen. Zum Beispiel wird ein geringes Maß an Verstehbarkeit und ein hohes Maß an Handhabbarkeit kaum zu einer Bewältigung einer schwierigen Phase führen. Beispielsweise die Ansicht in einer Welt zu leben, die man für chaotisch und unberechenbar hält, die man nicht versteht, macht es schwer zu glauben, dass man in ihr gut zurechtkommt. Ein hohes Maß an Verstehbarkeit gepaart mit Zweifel an der Handhabbarkeit wird ebenso kaum zum Erfolg führen. Ebenso muss der Glaube an die Bedeutsamkeit des guten Lebens vorhanden sein, da bei Abwesenheit oder schwacher Ausprägung dieser Komponente die

Motivation bei der Bewältigung von Krisen sobald es anstrengend wird auch rasch sinken wird.
Menschen mit einer guten Ausprägung dieser drei Komponenten werden schwierige Phasen oder Situationen im Leben eher als Herausforderungen ansehen und weniger als unbewältigbare Krisen. Sie werden das Leben als sinnvoll und stimmig erachten und sich herausfordernden Situationen nicht hilflos ausgeliefert fühlen, sondern sie mit großer Überzeugung und Zuversicht meistern.

Phänomen Placebo

Als Placebo wird in der Medizin ein Scheinmedikament ohne pharmakologische Wirkstoffe bezeichnet, das kranken Patienten verabreicht wird, wobei diese im Glauben gelassen werden ein echtes Medikament eingenommen zu haben. Diese Verabreichung von Placebos hat den vielfach nachgewiesenen Effekt, dass die Patienten alleine durch die Vorstellung und den Glauben, ein wirksames Arzneimittel eingenommen zu haben, gesund werden. D.h. allein der Glaube ob der Wirksamkeit eines Medikaments vollbringt das Wunder der Genesung. Dieses Phänomen wird gemeinhin als „Placebo Effekt" bezeichnet.
Diese Placebo Wirkung ist mittlerweile unumstritten und auch nachweisbar. Der Placebo Effekt existiert. Wenn einem Medikament keine pharmakologischen Substanzen zugefügt wurden und sich durch Einnahme desselben der Zustand einer Person verbessert, muss angenommen werden, dass andere Heilungskräfte innerhalb des Selbstheilungssystems des Organismus aktiviert wurden.
Ebenso wurde bereits nachgewiesen, dass die Gabe von Placebos Einfluss auf die Ausschüttung von Neurotransmittern

hat. Das bedeutet, nicht die Inhaltsstoffe des Placebos, die nur wirkungslose Substanzen sind, sondern allein die Einnahme und die Überzeugung auf Gesundung bzw. die frohe Erwartung darauf bewirkt diese Ausschüttung. Allein der Glaube an das Eintreten eines Erfolges löst positive Prozesse in unserem Organismus aus. Wenn wir die Placebo Wirkung, im Hinblick auf die Ausschüttung von Neurotransmittern, in das uns bekannte und alltägliche Leben übertragen möchten, könnten wir sie wohl am ehesten mit einer großen Vorfreude vergleichen. Eine Vorfreude, wie sie beispielsweise durch die Ankündigung auf ein bevorstehendes und persönlich sehr bedeutungsvolles Ereignis entsteht. Eine langersehnte Reise, die wir uns in großartigen Bildern vorstellen oder ein Besuch von besonders lieben Freunden, die wir schon sehr lange nicht gesehen haben. Solche Ereignisse bzw. die freudige Erwartung darauf nimmt ähnlich Einfluss auf unsere Stimmung und unseren Organismus und löst Freude und Zufriedenheit aus und hat positiven Einfluss auf unseren Gesamtzustand.

Die genannten Neurotransmitter sind bedeutende Botenstoffe des Nervensystems, die landläufig auch „Glückshormone" genannt werden. Der Grad der Ausschüttung solcher Neurotransmitter ist insgesamt für die Aktivität in bestimmten Teilen unseres Gehirns und für eine verstärkte Kommunikation der Nervenzellen untereinander verantwortlich und unter anderem auch für das Vorhandensein und die Intensität von Motivation, Antrieb, Aufmerksamkeit, Freude, positive Stimmung und vieles mehr. Das bedeutet je höher die Ausschüttung desto höher die Aktivität in bestimmten Gehirnarealen und desto besser die Wirkung auf unsere Stimmung, unsere Motivation, unsere Zufriedenheit etc.

Das Placebo ist somit nur Mittel zum Zweck. Die Erwartung und die Freude und Zuversicht, die an dieses Mittel geknüpft sind, führen zum Erfolg.

Der amerikanische Arzt Dr. Henry K. Beecher kam als Militärarzt während des zweiten Weltkrieges in die fatale Situation, dass inmitten von Schwerverwundeten in einem Feldlazarett das Morphium ausging. Um die vor Schmerzen schreienden Soldaten zu beruhigen und ihnen das Gefühl zu geben betreut und nicht ihren Schmerzen überlassen zu werden, verabreichte er den Kriegsverletzten an Stelle von Morphium eine Kochsalzlösung. Der Erfolg seiner Täuschung war erstaunlich. Die Schmerzen der Soldaten verschwanden fast wie bei einer Verabreichung von Morphium.

Dr. Jeanne Achterberg beschreibt den weithin bekannt gewordenen Fall des tödlich an Krebs erkrankten Mr. Wright, dem in einem Krankenhaus in den USA auf seinen ausdrücklichen Wunsch hin Krebiozen, ein neues Wunderheilmittel verabreicht wurde. Innerhalb nur weniger Tage ging es ihm besser. Im Gegensatz dazu veränderte sich der gesundheitliche Zustand jener Patienten, denen das Mittel gespritzt wurde, ohne dass sie Hoffnungen und Erwartungen damit verknüpften, nicht. Der Tumor von Mr. Wright hingegen war nur wenige Tage nach der Behandlung auf die Hälfte zusammengeschrumpft. Eine so gründliche und schnelle Rückbildung wäre mit keiner noch so intensiven Behandlung möglich gewesen.
Wright verließ das Krankenhaus praktisch geheilt. Später erfuhr er aus Nachrichtensendungen, dass Krebiozen ein höchst umstrittenes Medikament sei. Sein Glaube kam ins Wanken und nach zwei Monaten verfiel er wieder in seinen

ursprünglichen hoffnungslosen Zustand. Da die Ärzte annahmen, sie hätten nichts zu verlieren, verabreichten sie ihm daraufhin die doppelte Dosis – behaupteten sie jedenfalls. Es handelte sich jedoch um klares Wasser. Und wieder wurde Wright gesund. Seine zweite Heilung war sogar noch dramatischer als die erste. Der Patient konnte völlig gesund entlassen werden. Weitere zwei Monate später gab die American Medical Association bekannt, landesweite Tests hätten gezeigt, dass Krebiozen ein zur Krebsbehandlung völlig wertloses Mittel sei. Wenige Tage nach dieser Veröffentlichung starb Mr. Wright.

Ergebnisse aus der berühmten Framington-Studie besagen, dass Frauen, die sich unabhängig von ihren Risikofaktoren für Herzinfarkt gefährdet hielten, auch fast viermal so häufig einen Infarkt erlitten als andere. Allein der Glaube, man sei für einen Herzinfarkt anfällig, stellt also einen markanten Risikofaktor dar.

Der Placebo Effekt beschränkt sich allerdings nicht nur auf ein Mittel, er tritt oft unter Mitwirkung einer sogenannten „äußeren Autorität" auf. Der Apotheker Emile Coue bemerkte bereits vor mehr als 100 Jahren eine eigenartige Entwicklung beim Krankheitsverlauf seiner Kunden. Er beobachtete erstaunt, dass seine Kunden schneller genasen, wenn er in seiner Apotheke ein Medikament, das er den Kunden verkaufte, über den grünen Klee lobte. Unterließ er dieses Lob, waren die Leute länger krank.
Allein die Beziehung Arzt (in unserem Fall Apotheker) und Patient kann einen Heilprozess auslösen. Die Interaktion mit einem Arzt oder Therapeuten und das Vertrauen, der Glaube an die Kompetenzen des Arztes oder des Therapeuten, die

Erwartung oder die Überzeugung auf Heilung, setzt Genesungsprozesse in Gang, die wie ein Wunder wirken.
Es kann somit gesagt werden, dass eine subjektiv als Autorität empfundene Person (also jemand, der es wissen muss und dem dieses Wissen auch zugetraut und zugestanden wird) durch ihre Empfehlung oder durch Gespräche, durch zuversichtliches und authentisches Auftreten die Überzeugung über eine positive Veränderung in der Zukunft auslöst.
Sie werden bereits erkennen: Es schließt sich der Kreis und der Conviction Effect scheint durch das Placebo Phänomen mehr als bestätigt.

Der viel zitierte Satz „Der Glaube kann Berge versetzen" bekommt mit diesen Hintergründen eine sehr tiefe Bedeutung. Absoluter Glaube, der keine Zweifel zulässt! Er kann nicht erzwungen oder heraufbeschworen werden, wenn er allerdings vorliegt eröffnet er unglaubliche Möglichkeiten, sowohl im positiven als auch im negativen Sinn. Der Gläubige ist seinen Zielen näher als der Skeptische, da sich der Gläubige nicht fürchtet vor einer Enttäuschung und einem Scheitern. Derartiges kommt ihm gar nicht in den Sinn. Er ist nicht geplagt von Zweifeln und von Zögern, er wägt nicht ab und führt keine inneren Dialoge über die Möglichkeiten des Scheiterns und den Eintritt des Erfolges. Er malt sich keine Niederlage aus. Der Gläubige ist wie ein Fels in der Brandung. Er geht zuversichtlich, unbeirrt und ohne Zaudern Schritt für Schritt auf sein Ziel zu.

Der Placebo Effekt besteht demnach aus sich selbst erfüllenden Erwartungen. In Bezug auf die Medizin und Therapie bedeutet dies, dass der Patient zu einem großen Teil deshalb geheilt wird, weil er glaubt, erwartet oder - noch besser – überzeugt ist, durch die ihm zuteil gewordene Behandlung

oder das ihm zugeführte Medikament zu genesen.
Dieses Phänomen führt uns auch zu der Frage: Was wissen wir über uns und unsere Welt? Was wissen wir über unsere Möglichkeiten als Mensch und als Teil des Universums? Wie begrenzt ist unser Verstand und was liegt außerhalb dieser Grenze? Eigentlich dürfte es bei einem Menschen, der eine Zuckerpille bekommt, keine Reaktion geben. Unser Geist und unser Körper reagieren dennoch. Ein Wunder?
Die Placebo Reaktion deckt den Widerspruch einer Gesellschaft auf, die an längst überholten „Naturgesetzen" festhält und in Wirklichkeit wenig vom Menschen weiß.

Abschließend kann zum Placebo Effekt gesagt werden, dass er als häufig untersuchtes Phänomen die Kraft der Überzeugung und somit den Conviction Effect untermauert. Er zeigt uns was alles möglich ist, selbst in einem so elementaren Feld wie das der physischen und psychischen Gesundheit.

Die Kraft von selbsterfüllenden Prophezeiungen

Robert King Merton prägte den Begriff Self-fulfilling Prophecy. Eine sich selbst erfüllende Prophezeiung tritt auf, meinte er, wenn fehlerhafte Wahrnehmungen eines Sachverhalts unbeabsichtigte Folgen hervorrufen, welche dessen Rahmenbedingungen oder Ergebnisse derart verändern, dass er sich den ursprünglich falschen Einschätzungen der beteiligten Personen angleicht.
Bestimmte Erwartungen besitzen demnach die Kraft, eine Verkettung von Verhaltensweisen auszulösen, in deren Folge sich die anfänglich falschen Erwartungen bewahrheiten.
Als plausibles Beispiel für eine selbsterfüllende Prophezeiung führt Merton einen Sturm auf ein Geldinstitut an, ausgelöst

durch eine irrtümliche Veröffentlichung einer bevorstehenden Insolvenz der Bank. Würde daraufhin ein massenhafter Ansturm auf die Spareinlagen eines eigentlich stabilen wirtschaftenden Geldinstituts erfolgen, würden sich die anfänglich aus der Luft gegriffenen Gerüchte über dessen Insolvenz bewahrheiten.

Sogenannte selbsterfüllende Prophezeiungen begegnen uns in unserem Lebensalltag häufig, auch wenn uns das meist nicht bewusst wird. Sie befähigen uns im positiven Fall zu Höchstleistungen und gleichzeitig sind sie auch ein mächtiges Instrument der Manipulation.
Denkt ein Schüler beispielsweise an seine nächste Mathematik Schularbeit mit der Überzeugung „die heutige Mathe-Arbeit werde ich in den Sand setzen", so ist es durchaus möglich, dass er diese wirklich in den „Sand" setzen wird. Ein Sportler, der von Vornherein davon ausgeht nicht erfolgreich zu sein, wird auch nie das erhebende Gefühl eines Sieges erleben.
Mit einer selbsterfüllenden Prophezeiung ließen sich auch die anhaltenden Unterschiede in den Lebenschancen für Personen mit Migrationshintergrund erklären. Beispielsweise wenn anerkannte Meinungsbilder die Folgen vieler diskriminierender Prophezeiungen (z.B. niedrige Bildung, hohe Arbeitslosigkeit) als selbstverschuldete Konsequenzen interpretieren. Durch derartige Annahmen bleibt die Teilnahme der Diskriminierten am Arbeitsmarkt und an gewissen wirtschaftlichen und bildungsrelevanten Aktivitäten nachhaltig eingeschränkt und die ursprünglich falschen Erwartungen bestätigen sich.

Unsere Sprache bildet das Ausmaß von selbsterfüllenden Prophezeiungen sehr eindrucksvoll ab. Wenn wir negative

Prognosen aussprechen, dann lauten die Ratschläge oft: „Rede dir das nicht ein“ oder „male den Teufel nicht an die Wand“. Wir wollen damit zum Ausdruck bringen, dass, wenn man das Eintreten eines Ergebnisses oder Ereignisses prognostiziert, eben dieser Eintritt wesentlich wahrscheinlicher wird.

Das gilt zum Glück auch für positive Ereignisse. Vor Prognosen wie „Wir sind extrem gut vorbereitet. In dieser Form können wir alle Mannschaften schlagen“ wird selten gewarnt und sie werden auch wenig beratschlagt, außer von den gegnerischen Mannschaften.

Genau solche Aussagen, Denkweisen und Situationen möchte ich in diesem Kapitel behandeln, die im Fachjargon als selbsterfüllende Prophezeiung bezeichneten werden.

Paul Watzlawick, österreichischer Kommunikationswissenschaftler, Psychotherapeut, Philosoph und Autor, definiert selbsterfüllende Prophezeiungen als eine Annahme oder Voraussage, die rein aus der Tatsache heraus, dass sie gemacht wurden, das angenommene, erwartete oder vorhergesagte Ereignis zur Wirklichkeit werden lässt und so ihre eigene 'Richtigkeit' bestätigt.

Neben der Definition von Robert King Merton meint auch Watzlawick, dass es sich bei einer selbsterfüllenden Prophezeiung um eine Vorhersage handelt, die sich einzig aufgrund ihrer Existenz erfüllt. Die einfache Grundidee, die dem Konzept der selbsterfüllenden Prophezeiungen zugrunde liegt, ist allerdings weitaus älter. Sie taucht bereits Ende des 19. Jahrhunderts in den Arbeiten des deutschen Psychologen Hermann Ebbinghaus auf und besagt, dass die Erwartungen einer Person bezüglich des Verhaltens einer anderen Person das Verhalten der anderen beeinflussen können.

Nach den Wissenschaftlern Aronson, Wilson u. a. funktionieren selbsterfüllende Prophezeiungen folgendermaßen: Jemand hat bestimmte Erwartungen darüber, wie sein Gegenüber ist, und diese Erwartungen beeinflussen seinen Umgang mit ihm. Das Gegenüber verhält sich infolgedessen konform zu den ursprünglichen Erwartungen an ihn und erfüllt damit genau diese Erwartungen.
Ein einfaches Experiment der renommierten Verhaltensforscher Synder, Tanke & Berscheid aus dem Jahr 2004 verdeutlicht besonders eindrucksvoll die Kraft von selbsterfüllenden Prophezeiung: Man zeigte Versuchspersonen Bilder von verschiedenen Menschen. Die Versuchspersonen sollten sagen, welche dieser Menschen sie für sympathisch und welche sie für unsympathisch hielten. Anschließend ließ man die Probanden mit anderen Menschen telefonieren. Dazu sagte man einer Gruppe, sie würden mit den von ihnen als sympathisch eingestuften Menschen sprechen. Die andere Gruppe sollte ein Gespräch mit den als unsympathisch benannten Menschen führen. Während die Teilnehmer der ersten Gruppe sehr freundlich, humorvoll und warm mit ihren sympathischen Partnern sprachen, zeigten sich die Probanden der anderen Gruppe eher abweisend und unfreundlich. Genau diese zweite Gruppe gab hinterher an, auch wirklich unsympathische Menschen am Telefon gehabt zu haben. Kein Wunder, denn die Erwartungen einer Person beeinflussen ihr Verhalten. Die Teilnehmer haben in ihrem Gegenüber genau die Reaktion hervorgerufen, die sie vermutet haben. Dabei war ihr eigenes Verhalten der wesentliche Punkt in der Erzeugung der Reaktion. Allerdings passiert dies oftmals nicht bewusst. Das Experiment verdeutlicht, dass selbsterfüllende Prophezeiungen sowohl eine positive Kraft sein können, aber ebenso negative Auswirkungen haben.

Die Anwendungsbereiche für selbsterfüllende Prophezeiungen sind weitreichend. Sie können in fast allen Bereichen unseres täglichen Lebens auftreten, sodass eine genaue Abgrenzung der Anwendungsgebiete äußerst schwierig ist.

Selbsterfüllende Prophezeiungen und somit auch der Conviction Effect sind nicht ausschließlich individuelle Phänomene, die nur bei einzelnen Personen anwendbar sind. Vielmehr sind sie mächtige Instrumente, die auch innerhalb einer Gemeinschaft ihren Niederschlag finden und auf fruchtbaren Boden fallen können. Sie sind bei kollektiver Anwendung sehr mächtige, manipulativen Werkzeug, weshalb ich eindrücklich davor warnen und auf eines der nachfolgenden Kapitel „Individualität und Kollektivität" hinweisen möchte.

Die Prognose über eine mögliche Zukunft hat also einen entscheidenden Einfluss darauf, dass diese Zukunft auch eintritt. Wichtig scheint mir an dieser Stelle auch anzuführen, dass je höher die grundsätzliche Möglichkeit des Eintritts einer Prophezeiung eingeschätzt wird, desto stärker auch der Effekt, der ausgelöst wird. Die jeweilige Einschätzung gestaltet sich natürlich sehr individuell und ist stark von den Erfahrungen, Einstellungen und Haltungen und den vielen, in den einzelnen Kapiteln beschriebenen Faktoren abhängig und unterstreicht das Wesen des Conviction Effects.
Das bedeutet, würde jemand eine Zukunft zeichnen, die aus verschiedenen Gründen unmöglich ist, beispielsweise, dass die Umweltsünden seit der Industrialisierung im nächsten Jahr komplett rückgängig gemacht werden könnten, so wäre jedem klar, dass das nicht eintreten kann und somit auch keine signifikanten Effekte erwartet werden könnten. Allerdings, und das sollte gesagt sein, könnte es dennoch Entwicklungen in die prognostizierte Richtung beschleunigen - wenn

auch nur in sehr geringem Ausmaß. Das heißt, je realistischer das Bild einer Vorhersage gezeichnet wird, je eher dieses Bild ausgehend von der aktuellen Situation einer Person oder einer Gesellschaft nachvollzogen werden kann und je größer auch der Einfluss der Person eingeschätzt wird, die diese Vorhersage trifft, desto eher werden solche Zukunftsprognosen eintreffen. Um es mit dem eben geschilderten und etwas abgeänderten Beispiel zu veranschaulichen: Würden namhafte Entscheidungsträger rund um den Globus verkünden, dass der CO_2 Ausstoß in den nächsten 10 Jahren um XY Prozent gesenkt und der Lebensraum von Wildtieren durch Aufforstung und Renaturalisierung von ungenutzten Flächen um XY Prozent erhöht werden, so könnte das, selbst wenn es sehr schwierig erscheint, von einer großen Zahl von Menschen als realistisch betrachtet werden. Es könnte somit eine Dynamik innerhalb der Gesellschaft entstehen, die diese Entwicklung tatsächlich möglich macht. Durch mehr Akzeptanz, durch Verhaltensänderungen, durch Motivation. Entscheidungsträger könnten durch den Glauben an die Vorhersage beispielsweise Geldflüsse zugunsten derartiger Programme umleiten. Politiker müssten bei einschränkenden Maßnahmen weniger Stimmenverluste befürchten. Die Bevölkerung würde akzeptieren beispielsweise weniger Fleisch zu essen, um Tierhalteflächen zugunsten von Aufforstungsprogrammen zu reduzieren und öfter mit der Bahn fahren, um CO_2 einzusparen. Es würde eben eine progressive Dynamik in die prognostizierte Richtung geben.

Nun ist die Frage naheliegend, warum immer wieder öffentlich Aussagen von Entscheidungsträgern getroffen werden, die übertriebener Weise Schlimmes voraussagen, insbesondere wenn diese "Propheten" aufgrund ihrer Stellung und ihres Einflusses eine Position einnehmen, die das Eintreten

derartige Vorhersagen eher wahrscheinlich macht.
Die Fatalität ist, wie bereits geschildert, dass dieser Effekt auch, viele behaupten mehrheitlich, im Negativen entstehen kann, wenn die Voraussetzungen passen. Die entscheidenden Einflussfaktoren im Hinblick auf unser Beispiel im negativen Sinn wären dann unter anderem Demotivation, Pessimismus, Passivität, Sparsamkeit, Destruktivismus.

Ich denke, dass wir als Einzelpersonen und als Gesellschaft hier noch viel zu lernen haben. Ich bin aber auch überzeugt, dass, mit zunehmendem Wissen, die positiven Auswirkungen von selbsterfüllenden Prophezeiungen in unser aller Leben bei weitem überwiegen werden und dieses erfreuliche Verhältnis im Verlauf der Zeit weiter zunehmen wird. Wir sollten daran glauben!

Die Kraft der eigenen Vorstellung

Grundsätzlich ist die Verwendung des Begriffes „Vorstellung“ (Imagination) im Sinne von „sich etwas vorstellen“ in der Literatur außerordentlich uneinheitlich und nicht klar umgrenzt. Ich möchte mich auf den Begriff Vorstellungskraft beschränken, der im Wesentlichen das menschliche Vermögen beschreibt sich ein „Etwas“ in dessen Abwesenheit „vor-das-Bewusstsein“ zu stellen, wobei dieses „Etwas“ nicht unbedingt gegenständlicher Natur sein muss. Es können auch Sprache, Abläufe und Gefühle sein. Ebenso ist das Vorstellen nicht nur auf Visuelles beschränkt sondern schließt alle Sinne mit ein.
Häufig wird die Vorstellungskraft mit den Adjektiven schöpferisch, fantasiereich, einbildungsreich und kreativ abgetan. Damit ist dieser Begriff allerdings zu simpel und ungenügend

dargestellt.
Eine weitere Definition von Vorstellungskraft erscheint mir jedoch erwähnenswert: Vorstellungskraft beschreibt jenen Umfang, in dem der Geist eines Menschen in der Lage ist auf das schöpferische im Bewusstsein zuzugreifen und damit bekannte geistige Konstrukte zu kreieren und diese auch zu steuern.

Jedenfalls scheint die Vorstellungskraft abhängig von unseren Erfahrungen zu sein. Abhängig auch davon wie wir die Welt sehen und empfinden und was wir begreifen können. Wir können uns demnach nur bereits Erfahrenes und Erlebtes bewusst vorstellen.

Die Vorstellungskraft hat insofern eine besondere Bedeutung für den Conviction Effect, als es im Hinblick auf die Entwicklung einer tiefen Überzeugung um ein Ziel zu erreichen, auch ein großes Maß an Vorstellungskraft braucht. Diese Vorstellungskraft kann konkret eingesetzt werden, indem man sich ein angestrebtes Ziel, beziehungsweise Situationen oder Ereignisse, die durch Zielerreichung entstehen sollen, lebhaft vorstellt – genauso als wäre alles bereits erreicht, oder noch besser, als wäre man kurz davor es zu erreichen. Gemeint ist hier eine umfassende Vorstellung und nicht lediglich eine visuelle. Mit umfassend meine ich die Einbeziehung der Emotionen, die mit der Zielerreichung in Verbindung stehen und insgesamt das Bild, das man von sich und seinem Umfeld hat, wenn das angestrebte Ziel erreicht ist oder es kurz vor der Erreichung steht.
Unser Gehirn kann nicht zwischen Vorstellung und Realität unterscheiden. Dieselben Gehirnareale sind für beides zuständig. Es spielt somit keine Rolle, ob wir uns eine Situation nur vorstellen oder sie tatsächlich durchleben. Das bedeutet,

wir erschaffen eine Realität durch unsere Vorstellungskraft.

Zum Beispiel im Krankheitsfall wäre eine mögliche positive Vorstellung jene, in der man sich selbst mit seinen Liebsten nach Überwindung der Krankheit sieht, mit allen damit verbundenen positiven Gefühlen, bei einem schönen Essen oder einem lustigen Ausflug. Solche Vorstellungen haben schon vielen Menschen in unterschiedlich schwierigen Lebenssituationen (es gibt diesbezüglich auch viele Berichte von Menschen aus der Kriegsgefangenschaft oder aus Straflagern) neuen Lebensmut eingehaucht und letztendlich zur Überwindung der Situation und zum Überleben geführt.
Oder einige etwas alltäglichere und weniger bedrohlichere Beispiele: Während der Vorbereitung zu einem Marathon wäre eine Vorstellungsmöglichkeit, wie man bei jubelnder Menge das Ziel durchläuft, das Bad in der Menge genießt, die Freude über das Geschaffte verspürt und wie man die Gratulationen von Freunden und Familie entgegen nimmt.
Oder während des Schreibens eines Buches kann die Vorstellung darüber, wie man bei der Veröffentlichung des eigenen Buches eine Lesung hält und Widmungen in die gekauften Bücher schreibt, ebenso wie das stolze Gefühl, das man dabei empfindet und die anerkennenden Blicke und Worte des Publikums, die man von interessierten Lesern empfängt, ungeheuer motivierend sein. Genauso wie die Vorstellung, nach erfolgreicher Gewichtsreduktion, die anerkennenden Blicke und schönen Komplimente der Freunde und Kollegen entgegenzunehmen. Immer das damit verbundene Gefühl einschließend.

Bei so manchen wird eine derartige Vorstellung der Grund gewesen sein Krankheiten und schwierige Lebenssituationen zu überstehen, einen Marathon durchzulaufen, ein Buch fertig zu schreiben oder abzunehmen.

Objekte, Ereignisse und Gefühle allein durch die Vorstellungskraft zu erschaffen ist eine herausfordernde geistige Leistung. Wer diese Vorstellungskraft nicht besitzt, und das kommt gar nicht selten vor, sollte sie trainieren und damit beginnen im Geist Bauwerke, Naturlandschaften, Menschen und Fantasiewelten entstehen zu lassen. Bei der Vorstellung von Gefühlen ist es hilfreich sich Situationen vorzustellen, von denen man aus der Vergangenheit weiß, dass sie in der Lage sind, bei der eigenen Person diese Gefühle auszulösen. Grundsätzlich ist das willentliche und willkürliche herbeirufen von Gefühlen nicht so schwer, wie man vermuten würde. Dafür verantwortlich sind die sogenannten Spiegelneuronen. Sie lassen unter anderem Mitgefühl entstehen. Wenn wir beispielsweise eine Szene in einem Film sehen, in der Protagonisten Unrecht widerfährt, regen sich, so wie von den Schauspielern im Film vorgespielt, auch bei uns als Zuseher Gefühle wie Zorn oder Ohnmacht, genau so, als wäre uns selbst das Unrecht angetan worden. Ebenso verhält es sich natürlich auch mit positiven Gefühlsregungen. Genau das können wir uns zunutze machen.

Dr. Joachim Bauer, bekannter deutsche Autor, Arzt und Professor an der Universität in Freiburg hat sich intensiv mit diesem Thema beschäftigt. Er schreibt: Bei den Spiegelneuronen handelt es sich um ein neurobiologisches System, das eine intuitive wechselseitige soziale Einstimmung ermöglicht. Das System dieser besonderen Nervenzellen sorgt dafür, dass Individuen alles, was sie bei Artgenossen wahrnehmen, im eigenen Organismus – im Sinne einer stillen inneren Simulation – nacherleben (dies ist der Grund, warum wir schmerzähnliche Empfindungen haben, wenn wir zusehen müssen, wie sich eine andere Person heftig verletzt, oder auch warum emotionale Stimmungen ansteckend sind).

Somit kann die Vorstellungkraft ein starker emotionaler Motivationsverstärker sein und uns viel Kraft, Zuversicht und Sicherheit geben, um Herausforderungen zu meistern. Sie richtet unseren Körper auf, lässt uns erhobenen Hauptes durch schwierige Zeiten gehen und zaubert uns ein wissendes Lächeln ins Gesicht. Sie kann unser Leben verändern und genau diese Veränderung ist bereits Bestandteil des Effektes, der in unserer tiefen Überzeugung ein Ziel zu erreichen ihren Ursprung hat.

Ein weiteres Beispiel für die Kraft der Vorstellung ist die Tatsache, dass der Geist auch unbewusst den Körper beeinflusst. Ganz besonders ersichtlich ist das beispielsweise in unserer Mimik und Körperhaltung, wenn wir glücklich oder auch verärgert sind. Das geschieht meist, ohne dass es uns auffällt. Genauso ist es übrigens auch umgekehrt. Die Aktivierung von Muskelgruppen kann sich positiv und negativ auf unsere Stimmung auswirken. Versuchen sie ihre Lachmuskeln im Gesicht zu aktivieren und machen sie das sein paarmal hintereinander und ihre Stimmung wird sich heben.
Unser Organismus verbindet Freude und Spaß mit Lachen und umgekehrt.
Typische Beispiele dafür sind auch Aussagen wie: „Bei dem Anblick läuft mir ein Schauer über den Rücken“ oder „bei diesem Essen läuft mir das Wasser im Mund zusammen“. Geist und Körper bilden eine Einheit, aber das ist ja ohnehin hinlänglich bekannt. Weniger bekannt ist, dass sich in vielen, vor allem technischen Sportarten, ein Teil des Trainings im Kopf abspielt, ohne dass der Körper eine Bewegung macht.

Speziell bei Verletzungspausen können Sportler ihr Training mental fortsetzen und auch ihre Technik verbessern, indem sie sich einen Bewegungsablauf – zum Beispiel den Aufschlag beim Tennis oder den Abschlag beim Golf oder eine Schlagabfolge im Kampfsport – intensiv vorstellen. Auch das Ansehen eines Bewegungsablaufes initiiert die gleiche Bewegung beim Betrachter und hat dieselbe Wirkung. Bekannt ist das vielen von uns anhand von Aufnahmen, die Schirennläufern vor den Rennen zeigen, wie sie die Rennstrecke mit ihrem geistigen Auge abfahren und das in unterschiedlicher Art und Weise durch eigenartige Bewegungen mit dem ganzen Körper zum Ausdruck bringen. Auch hier spielen wiederum die Spiegelneuronen eine wichtige Rolle. Sie stellen ein Gebiet dar, das auch in Zukunft weiter stark beforscht werden wird.

Ein kleines Experiment zu diesem Thema, das ich wie viele andere auch selbst ausprobiert habe, inspiriert von Jan Becker, dem bekannten deutschen Autor und Hypnotiseur, der es folgendermaßen beschreibt:
Stellen sie sich stabil auf, die Arme zur Seite gestreckt, die Hände zur Faust geballt, nur die Zeigefinger sind gestreckt.
Drehen sie nun langsam den Oberkörper nach hinten bis es nicht mehr geht.
Folgen sie dem ausgestreckten Zeigefinger mit den Augen und merken sie sich die Stelle auf die sie zeigen.
Dann drehen sie sich wieder zurück.
Schließen sie nun die Augen.
Stellen sie sich vor, wie sie sich nochmals drehen, allerdings wirklich nur in Gedanken.
Stellen sie sich vor sie drehen sich 10 Prozent weiter als zuvor.
Dann drehen sie sich – weiterhin nur in ihrer Fantasie – wieder zurück.

Anschließend visualisieren sie, dass sie erneut den Oberkörper nach hinten drehen. Diesmal aber sogar 30 Prozent weiter als zu Beginn.
Drehen sie sich gedanklich wieder zurück.
Nun stellen sie sich vor wie sie sich 50 Prozent weiter drehen als vorher.
Weiterhin spielt sich alles in Ihrem Kopf ab.
Beim vierten Mal stellen sie sich vor, wie sie einmal um ihren gesamten Rumpf herum twisten, 360 Grad, wie ein Zombie in einem schlechten Film.

(Sie werden denken: so eine Übertreibung! Aber genau diese Übertreibungen sind es die manchmal einen besonderen Effekt haben – einen Effekt den sie gleich selbst erleben werden.)

Machen sie nun die Augen wieder auf.
Drehen sie nun in der Realität wieder den Oberkörper nach hinten.
Soweit es geht.

Und? Eindrucksvoll, nicht wahr?

Noch ein Beispiel, noch eindrucksvoller und nochmals greife ich zur Veranschaulichung ein unglaubliches Experiment des Hypnosetrainers Jan Becker auf, das sich ganz allein auf den Conviction Effect stützt. Er bittet in einer Vorstellung vier möglichst zierliche Frauen auf die Bühne. Dieses Quartett soll dann gemeinsam, aber nur mit je zwei Fingerspitzen einen Sessel hochheben, auf dem ein nicht gerade schmächtiger Mann aus dem Publikum Platz genommen hat. Die vier Damen lachen verlegen und ungläubig, Sie können sich nicht vorstellen wie das funktionieren soll. Tatsächlich

schlägt der erste Versuch fehl. Das Schwergewicht im Sessel wackelt höchstens ein bisschen.
Wir haben scheinbar irgendwann gelernt, dass wir, wenn wir nicht unbedingt Freeclimber oder Weltmeister im Fingerhakeln sind, in den Fingern nicht genug Kraft für eine derartige Anstrengung haben.
Dann wird es jedoch spannend. Jan Becker stellt sich vor jede der vier Frauen und vollführt eine Handbewegung von unten nach oben, so als würde er einen imaginären Reißverschluss schließen, und verknüpft diese Handbewegung mit der Botschaft, dass durch das Zuziehen des imaginären Reißverschlusses keine Energie mehr aus den Körpern der Frauen entweichen könne und sie dadurch wesentlich stärker würden. Mit dem Schwergewicht im Sessel machte er es umgekehrt und öffnete einen imaginären Reißverschluss von oben nach unten um dessen Energie der Gravitation folgend nach unten entweichen zu lassen. Anschließen bat er die vier Damen es nochmals zu versuchen. Und siehe da: Es klappte! Scheinbar mühelos hoben die Frauen den korpulenten Mann nicht nur ein wenig an, sondern ließen ihn mit seinem Sessel weit über den Boden schweben.

Was ist passiert? Hat er einen geheimen Zauber verwendet, eine Zauberformel gemurmelt? Nein!
Er hat mit seinen simplen Handbewegungen mehrere Dinge bewerkstelligt. Dinge, die es den Damen ermöglicht haben über das hinauszuwachsen, was sie gemeinhin nicht für möglich hielten. Die Damen glaubten: Dieser Becker als Hypnosekünstler macht jetzt etwas, das bewirkt, dass ich das kann, obwohl ich es ja eigentlich nicht kann. Damit öffnete er das Tor für ihre Überzeugung, dass sie es schaffen würden. Diese Überzeugung ist eine wichtige Grundvoraussetzung für Erfolg, egal worin man erfolgreich sein möchte. Ob es nun gilt,

schwergewichtige Männer hochzuheben, einen Marathon zu laufen, Gewicht zu verlieren oder erfolgreich Geige zu spielen. Wer glaubt, es nicht zu können, kann es auch nicht. Durch die Suggestion waren sich die Teilnehmerinnen der Hilfe, oder des Zaubers (wenn man so will) des Hypnosekünstlers sicher und somit überzeugt, es zu schaffen – und sie schafften es, mit Bravour. Jan Becker schaffte einen Moment der Überzeugungkraft mit gebündelter Konzentration. Ein Laserstrahl des Geistes und schon funktionierte es. Faszinierend! Er hätte statt der Handbewegung auch etwas anderes machen können, solange es bewirkt hätte, dass die vier Frauen an sich glaubten. Dieses Experiment zeigt wie unglaublich mächtig der Conviction Effect ist.

Jeder intensive Gedanke ist mit bewertenden Gefühlen verknüpft – automatisch und ohne dass wir mithilfe eines Bewusstseins steuernd eingreifen können. Intensive Gedanken steuern die Funktionen des Körpers. Jeder kann den Einfluss intensiver Vorstellungen an sich selbst testen. Stellen sie sich vor sie beißen in eine reife Zitrone. Merken sie, wie sich ihr Speichelfluss verstärkt?

Ein Experiment des amerikanischen Forscherteams Christopher Davoli und Richard Abrams von der Washington University, das in der Fachzeitschrift „Psychological Science“ vom April 2009 beschrieben ist, bestätigte die These, dass allein durch Vorstellungskraft und Glaube Realität entsteht. Die konkrete Vorstellung von der Bewältigung einer Aufgabe bewirkt, dass sie erfolgreicher und gründlicher erledigt wird. Der Glaube kann Berge versetzen.

Dass sich eine Verwirklichung beziehungsweise die Erschaffung einer Realität durch Vorstellungskraft auch in eine falsche Richtung bewegen kann, haben Wissenschaftler der North Carolina State University entdeckt. Senioren ab 60 mussten einen Gedächtnistest absolvieren. Das Ergebnis dieses Tests war, dass jene Senioren, denen man gesagt hatte, dass ältere Menschen bei solchen Tests normalerweise schlechter abschneiden auch tatsächlich schlechtere Ergebnisse lieferten als die Kontrollgruppe, die diese Information nicht erhalten hatten. Die Vorstellung des eigenen Unvermögens hatte Auswirkungen auf das tatsächliche Ergebnis.

Dr. Jeanne Achterberg, Ärztin und Psychologin, beschrieb und dokumentierte den Fall einer Frau, bei der die Untersuchung einer Gewebeprobe aus der Brust den Verdacht auf Krebs bestätigt hatte und die daraufhin innerhalb von Stunden starb: „Tod aufgrund zu lebhafter Vorstellungen". Diese Frau hatte ihre qualvoll dahinsiechende Mutter, die ebenfalls an Brustkrebs erkrankt war, jahrelang gepflegt und konnte sich intensiv ausmalen, was nun auf sie zukommen würde. Daraufhin stellte ihr Körper seine Funktionen ein.
Auch von gegenteiligen Fällen wird häufig berichtet: Selbst in eigentlich hoffnungslosen Fällen verschwindet eine Geschwulst und die Patienten werden von einer Krebserkranken geheilt, weil sie beispielsweise bestimmte Aussagen eines Arztes so interpretieren, dass der Körper nun alles Schädliche abgestoßen habe und der Genesung nichts mehr im Wege stehe.

Ein US-amerikanisches Team aus Medizinern und Wissenschaftlern (Ira Collerain, Pat Craig, Jeanne Achterberg) führte eine Untersuchung geistig Behinderter in Bezug auf ihre Todesursachen durch. Sie kamen zu einem bemerkenswerten Ergebnis: Menschen, welche die Krebsdiagnose ihres

Arztes intellektuell nicht verstehen, sterben zu einem deutlich geringeren Prozentsatz. Während in der Normalbevölkerung die Mortalität durch Krebs 14 bis 18 Prozent beträgt, waren es bei der untersuchten Gruppe nur 4 bis 7 Prozent.

Einer negativen Ausprägung von Vorstellungskraft widmet sich Gary Bruno Schmid in seinem Buch „Tod durch Vorstellungskraft“ der darin alle möglichen Arten des Todes allein durch Vorstellungskraft beschreibt.
In den Konzentrationslagern der Nazis waren die Überlebenschancen minimal. Dennoch, ein starker Lebenswille erhöhte sie. Wenn dieser nicht mehr vorhanden war, trat schnell der Tod ein. Viele Soldaten in Kriegsgefangenschaft starben nicht an Krankheiten, sondern aus Hoffnungslosigkeit.

Zusammenfassend kann gesagt werden, dass uns mit unserer Vorstellung und Überzeugung eine unglaubliche Gabe und Kraft in die Wiege gelegt wurde und wir dadurch eine Macht in uns tragen, die uns ungeahnte Höchstleistungen erbringen lassen kann und auch entscheidend für Gesundheit oder Krankheit, für Leben oder Tod sein kann.

Es bleibt jedem immer noch so viel Kraft, das auszuführen, wovon er überzeugt ist.
(Johann Wolfgang von Goethe)

Die Kraft der Konditionierung

Eine Konditionierung ist eine angelernte Reaktion auf einen bestimmten neutralen Reiz, der grundsätzlich nicht geeignet ist eine derartige Reaktion auszulösen. Eine solche Konditionierung ist möglich, wenn dieser neutrale Reiz dauerhaft mit einem natürlichen Reiz gekoppelt ist, der geeignet ist eine derartige Reaktion auszulösen. Nach einiger Zeit kann auch der neutrale Reiz trotz Abwesenheit des natürlichen die Reaktion auslösen. Beispielsweise Düfte, Melodien, Geräusche, Berührungen, Rituale, Bilder können solche neutralen Reize sein.

Natürlicher Reiz (Gewalt) → Reaktion (Angst) objektiv nachvollziehbar

Natürlicher Reiz (Gewalt) gekoppelt mit Neutralem Reiz (Melodie) →Reaktion (Angst) obj. teilw. nachvollziehbar

Neutraler Reiz (Melodie) → Reaktion (Angst) obj. nicht nachvollziehbar

Grundsätzlich würde niemand behaupten, dass beispielsweise eine bestimmte Melodie ein so tiefes Gefühl wie Angst auslösen kann. Wenn diese Melodie (neutraler Reiz) allerdings auf Dauer mit Gewalt (natürlicher Reiz) in Verbindung steht, kann allein durch diese Melodie irgendwann das Gefühl der Angst herbeigeführt werden. Die Gewalt (natürlicher Reiz) als eigentlicher und geeigneter Auslöser von Angst ist nicht mehr notwendig. Die Melodie allein reicht aus und ist dann Auslöser.
Die Konditionierung funktioniert auch im Hinblick auf positive Gefühle. Wir könnten Belohnung als natürlichen Reiz anstatt der Gewalt verwenden und als Reaktion würde dann nicht Angst sondern Freude oder Zufriedenheit stehen.
Beispiele für solche Konditionierungen gibt es viele: Der Duft der Mutter, die das Kleinkind in den Arm nimmt, der

Handschlag, der ein Geschäft besiegelt und Vertrauen schafft oder auch die Musik, die ertönt, wenn die Häftlinge eines Konzentrationslager Aufstellung nehmen müssen, um eine Strafe zu erhalten. Eine bestimmte Musik gekoppelt mit Gewalt löst Angst aus. Die Geste eines Handschlags gekoppelt mit Verlässlichkeit schafft Vertrauen. Ein bestimmter Duft gekoppelt mit Zuneigung und Geborgenheit löst Zufriedenheit, ein Gefühl der Sicherheit oder auch Liebe aus.
Diese Beispiele sind wahrscheinlich für uns alle nachvollziehbar, da es nicht selten vorkommt, dass wir Musik, Gesten oder auch Düfte mit angenehmen oder auch unangenehmen Ereignissen in der Vergangenheit in Verbindung bringen und sich bei uns dann auch spontan die damals erlebten Empfindungen einstellen.

Das wohl bekannteste Beispiel für eine klassische Konditionierung ist jenes eines Hundes, bei dessen Fütterung unmittelbar zuvor immer eine Glocke ertönte und schon bald genügte der Klang der Glocke allein um den Speichelfluss des Hundes auszulösen.
Auch hier wird deutlich, es wird ein natürlicher Reiz gesetzt (im Falle mit dem Hund war es das Futter) und es folgt eine angeborene oder natürliche Reaktion (Speichelfluss). Wird nun dauerhaft ein weiterer neutraler, grundsätzlich unbedeutender Impuls hinzugefügt (Glocke) verschränkt sich dieser mit dem Reiz (Futter) und nach einiger Zeit kann der neutrale Impuls, der unter normalen Umständen keinerlei Einfluss auf eine bestimmte Reaktion haben kann, genau diese Reaktion (Speichelfluss) auslösen.

Ein meiner Meinung nach noch drastischeres Beispiel für eine Konditionierung ist folgendes: Wenn einem Pferd über eine Metallplatte im Stallboden ein elektrischer Schock in einen Huf zugeführt wird und kurz zuvor ein Summerzeichen ertönt, so bringt das Tier sehr rasch diese beiden Wahrnehmungen in einen Zusammenhang. Das heißt, das Tier wird jedesmal, wenn der Summer ertönt, den betreffenden Huf anheben, um dem Schock zu entgehen. Es passt sich einer Situation an und verändert sein Verhalten, um Schmerz zu vermeiden. Ist einmal die Assoziation zwischen Summer und Schock hergestellt, so ist der Schock nicht mehr nötig. Der Summer allein führt zum Anheben des Hufes. Man könnte auch sagen, der Summer löst ein Verhalten beim Pferd aus, das unter normalen Umständen unangemessen und nicht nachvollziehbar ist.

Nun wissen wir, ein bestimmter natürlicher Reiz löst eine nachvollziehbare Reaktion aus. Das heißt, das Reaktionsverhalten bewegt sich im Hinblick auf die Art und das Ausmaß des Reizes in einem allgemein verständlichen Rahmen und die Reaktion würde jeder Person auch verständlich erscheinen. Gepaart mit einem neutralen Reiz kann irgendwann dieser allein und ohne den natürlichen Reiz die Reaktion auslösen. Einem nicht eingeweihten Beobachter würde die Reaktion auf den neutralen Reiz unangemessen und nicht nachvollziehbar erscheinen. Reiz und Reaktion stehen in keiner vernünftigen Relation zueinander.
In den Beispielen mit dem Hund und dem Pferd wird klar, dass die Konditionierung als ein sehr manipulatives Werkzeug missbraucht werden kann, mit dem unangenehme und unangemessene Reaktionen auslöst werden können.
Nun ist es auch möglich durch eine bewusste oder unbewusste Konditionierung sehr positive Empfindungen hervorzurufen, wie beispielsweise Zuversicht, Sicherheit oder Motivation. Lob und Zuspruch könnten solche natürlichen

Reize sein. Wird nun dieses Lob und dieser Zuspruch dauerhaft mit einem neutralen Impuls gekoppelt, beispielsweise einem Ritual, würde das bedeuten, dass im Laufe der Zeit dieses Ritual allein bereits diese Empfindungen entstehen lassen kann. Unter diesem Blickwinkel betrachtet können Rituale sehr mächtige Instrumente sein, die uns Menschen seit jeher begleiten.
Durch Konditionierung können somit angenehme Gefühle und Zustände ebenso wie unangenehme bis zu einem gewissen Grad herbeiführt und kontrolliert werden.

Das Neurolinguistische Programmieren (kurz NLP), eine bekannte Lehre über Kommunikationstechniken und Methoden zur Veränderung psychischer Abläufe im Menschen, hat sich die Technik der Konditionierung zunutze gemacht und nennt sie „Ankern". Im Sinne dieser NLP Technik wird während einer erwünschten positiven Empfindung, die durch einen natürlichen Reiz ausgelöst wurde, ein Anker (neutraler Reiz) gesetzt. Dabei wird die erwünschte positive Empfindung meist durch die Vorstellung einer Situation, die geeignet ist derartige Empfindungen auszulösen, herbeigeführt. Zum Beispiel die Vorstellung einer Situation aus der Vergangenheit, in der dieses erwünschte Gefühl sehr präsent war. (Dass Empfindungen durch Vorstellungen sehr gut herbeigeführt werden können, haben wir bereits im Kapitel „Die Kraft der eigenen Vorstellung" sehr ausführlich behandelt.) Wenn diese Empfindung am intensivsten ist, wird meist ein kinästhetischer Anker durch das Drücken einer bestimmten Körperstelle oder durch bestimmte Bewegungen gesetzt. Das Ziel dabei ist, durch Übung die gewünschten Empfindungen nach einiger Zeit nur durch diesen kinästhetischen Anker unmittelbar herbeizuführen. Natürlich kann ein solcher Anker auch auditiver oder visueller Natur sein.

Praktisch angewendet könnte das so aussehen: Sie versetzen sich in ihrer Vorstellung in eine Situation während ihres letzten Urlaubes, in der sie sich besonders wohl gefühlt haben. Wenn sie in ihrer Vorstellung dieses angenehme Gefühl wieder intensiv wahrnehmen setzen sie einen Anker indem sie beispielsweise mit einer Hand für ein paar Sekunden leicht auf ihren Bauch drücken. Wenn sie das oft und intensiv trainieren, ist es möglich allein durch das leichte Drücken auf ihren Bauch das angenehme Gefühl auszulösen.
Schauspieler, Speaker und Künstler wenden diese Technik gerne vor Auftritten an, um sich in Stimmung zu bringen oder um das Lampenfieber loszuwerden.

Diese Erkenntnisse zur Konditionierung stehen indirekt mit dem Conviction Effect in Verbindung, da diese positiven Gefühle und Zustände als Instrument oder Werkzeug genau diese tiefe Überzeugung nähren können, die benötigt wird, um diesen Conviction-Effect auszulösen und die somit zum gewünschten Erfolg führen können.

Die Kraft der Selbstwirksamkeit

In verschiedenen Lebenslagen ist das Verhalten von uns Menschen sehr unterschiedlich und schwer vorhersehbar. Es wird bestimmt von Glaubenssätzen und Prägungen aus der Vergangenheit. Nun ist speziell in herausfordernden Lebenssituationen und in Krisen unser Verhalten von großer Bedeutung für den weiteren Verlauf der Krise und auch für unser zukünftiges Leben und das der anderen. Wie wir in solchen Lebenssituationen reagieren, ob wir aktiv werden, welche Strategien wir wählen hängt nicht unwesentlich von der Bewertung der eigenen Lebensbewältigungsfähigkeiten und -

möglichkeiten ab. Diese Einschätzung der Bewältigungsmöglichkeiten ist zu einem wesentlichen Teil von den Lebenskompetenzen (auf die unterschiedlichen Lebenskompetenzen wird nachstehend eingegangen) der jeweiligen Person und hier speziell vom Selbstbewusstsein und von der individuellen Beurteilung der Selbstwirksamkeit abhängig. Wer glaubt, durch sein Verhalten einen Beitrag zur eigenen positiven Lebensbewältigung leisten zu können, zieht ein solches Verhalten eher in Erwägung und wird mit hoher Wahrscheinlichkeit erfolgreich sein, als andere, die in Ermangelung von Lebenskompetenzen wenig Erwartungen in die eigene Selbstwirksamkeit haben.

Selbstwirksamkeitserwartung ist die subjektive Erwartung, neue und/oder herausfordernde Lebenssituationen aufgrund der eigenen Kompetenzen bewältigen zu können. Sie ist somit ein wesentliches Substrat im komplexen Mechanismus des Conviction Effects.

Die Selbstwirksamkeit an sich wird von der Wissenschaft als Ergebnis erfolgreich angewandter Lebensfertigkeiten gesehen. Das heißt, das Vorhandensein und auch die erfolgreiche Anwendung von diesen Lebensfertigkeiten ist verantwortlich für selbstwirksames Handeln.

Diese Lebensfertigkeiten werden auch Lebenskompetenzen oder Life Skills genannt. Gemäß Weltgesundheitsorganisation „sind Lebenskompetenzen diejenigen Fähigkeiten, die einen angemessenen Umgang sowohl mit unseren Mitmenschen als auch mit Problemen und Stresssituationen im alltäglichen Leben ermöglichen. Solche Fähigkeiten sind bedeutsam für die Stärkung der psychosozialen Kompetenz."

Die WHO, Weltgesundheitsorganisation, definierte 1994 zehn zentrale Kernkompetenzen („core life-skills"):

1. Selbstwahrnehmung, die sich auf das Erkennen der eigenen Person, des eigenen Charakters sowie auf eigene Stärken und Schwächen, Wünsche und Abneigungen bezieht.
2. Empathie, als die Fähigkeit, sich in andere Personen hineinzuversetzen.
3. Kreatives Denken, das es ermöglicht, adäquate Entscheidungen zu treffen sowie Probleme konstruktiv zu lösen.
4. Kritisches Denken, als die Fertigkeit, Informationen und Erfahrungen objektiv zu analysieren.
5. Die Fähigkeit, Entscheidungen zu treffen, die dazu beiträgt, konstruktiv mit herausfordernden Situationen im Alltag umzugehen.
6. Problemlösefertigkeit, um Schwierigkeiten und Konflikte im Alltag konstruktiv anzugehen.
7. Kommunikative Kompetenz, die dazu beiträgt, sich kultur- und situationsgemäß sowohl verbal als auch nonverbal auszudrücken.
8. Interpersonale Beziehungsfertigkeiten, die dazu befähigen, Freundschaften zu schließen und aufrechtzuerhalten.
9. Gefühlsbewältigung, als die Fertigkeit, sich der eigenen Gefühle und derer anderer bewusst zu werden, angemessen mit Gefühlen umzugehen sowie zu erkennen, wie Gefühle Verhalten beeinflussen.
10. Die Fähigkeit der Stressbewältigung, um einerseits Ursachen und Auswirkungen von Stress im Alltag zu erkennen und andererseits Stress reduzierende Verhaltensweisen zu erlernen.

Allein das Bewusstsein über das Vorhandensein solcher Fertigkeiten fördert das Vertrauen in die eigene Selbstwirksamkeit, macht uns selbstbewusster, erzeugt eine verstärkte Handlungsbereitschaft, macht uns zuversichtlicher und überzeugter, Ziele aus Eigenem zu erreichen.

Diese Selbstwirksamkeit wird idealerweise im alltäglichen Leben geübt und trainiert. Ein solches Üben ist tatsächlich in jeder Lebenssituation möglich. Nehmen sie Herausforderungen an und gehen sie ihnen nicht aus dem Weg. Probieren sie Neues aus. Springen sie ab und zu über den eigenen Schatten. Schieben sie Probleme nicht auf die lange Bank sondern finden sie Lösungen. Ob es nun ein Gespräch ist, das sie schon länger führen wollten oder die Forderung nach einer Gehaltserhöhung oder eine Versöhnung. Jeder noch so kleine Schritt stärkt ihr Vertrauen in die eigene Selbstwirksamkeit.
Seien sie kritisch gegenüber Medien, seien sie kreativ (denken sie nicht nur in eine Richtung, oft führen viele Möglichkeiten zum Erfolg). Seien sie positiv und seien sie kommunikativ. Kommunikation ist ein Thema, mit dem unzählige Bücher gefüllt wurden. Ein Kommunizieren, ein Ausdrücken von Wünschen und Bedürfnissen, die Verteidigung der eigenen Meinung, die Darstellung und Erklärung von Ideen ist eine elementare Fähigkeit der Menschen.
Eine permanente Weiterentwicklung dieser Lebensfertigkeiten ist unumgänglich, um die Selbstwirksamkeitserwartung zu erhöhen und somit auch die subjektive Gewissheit und Überzeugung neue und schwierige Anforderungssituationen aufgrund der eigenen Kompetenzen bewältigen zu können.

Wir können den Wind nicht ändern,
aber wir können die Segel richtig setzen.
(Aristoteles)

Die positive Programmierung unserer Erinnerungen

Wie bereits ausgeführt, werden in unserem unbewussten Erfahrungspool, im großen, dunklen See des Unbewussten, auch unangenehme Erlebnisse und Traumata aufbewahrt und sobald wir in unserem täglichen Leben etwas wahrnehmen, das mit Fragmenten aus unserem unbewussten Erinnerungspool übereinstimmt, bekommen diese Erfahrungen plötzlich wieder eine Relevanz. Dadurch schützen wir uns vor Gefahrensituationen, die wir bereits kennen und erlebt haben. Das Unterbewusstsein, das Unbewusste, der große, dunkle See wacht über uns. Leider sind diese Erinnerungen wenig differenziert und wenn wir beispielsweise schlechte Erfahrungen mit einem Hund gemacht haben oder eine sehr beängstigende Situation in einer dunklen Gasse erlebt haben, so kann es verständlicherweise vorkommen, dass wir in Zukunft Hunde und dunkle Gassen meiden werden und uns somit in unseren Möglichkeiten einschränken. Ebenso kann es bei anderen sehr lebensnahen Situationen dazu kommen, dass wir unangenehme Erfahrungen als Gefahrensituation unbewusst abspeichern. Beispielsweise bei wichtigen Besprechungen, bei einem Meeting, einer Präsentation oder in anderen sozialen Situationen. Schlagen wir uns in solchen Situationen unter unseren selbst auferlegten Erwartungen und werten wir die abgelieferte Performance als Versagen, können die Folgen solcher Erfahrung sehr prägend sein.
Jan Becker, bekannter deutscher Bestsellerautor weist in seinem Buch „Du kannst schaffen was Du willst“ mehrfach darauf hin, dass Erinnerungen nicht unveränderlich sind. Mit jedem Mal, wenn wir an etwas zurückdenken oder über etwas sprechen, wird eine Erinnerung um Nuancen abgeändert. Zudem wird jede Erfahrung, die zur Erinnerung wird, mit

bereits ähnlichen Erfahrungen verknüpft und somit angepasst. Dazu kommt, dass Erinnerungen verblassen, je länger das Ereignis zurückliegt. Einzelne Elemente der Erinnerungen gehen verloren und werden bei einem Aufrufen derselben aufgefüllt. Unser Bewusstsein ist nämlich immer bestrebt, eine zusammenhängende, aktuelle, sinnvolle und interessante Geschichte zum Besten zu geben. Dabei bedienen wir uns unseres unbewussten Erfahrungsschatzes. Dieser steuert wie ein fleißiger Requisiteur thematisch passende Inhalte bei, die nicht zwingend bei der Gelegenheit entstanden sein müssen, über die wir gerade berichten wollen.

Es wird immer gleich ein wenig anders, wenn man es ausspricht.
Hermann Hesse

Ein anderes Beispiel für die Veränderung von Erinnerungen sind leichte Übertreibungen, zu denen viele von uns neigen, um eine Geschichte spannender und attraktiver zu gestalten oder um unseren Standpunkt klarer und vielleicht auch pointierter darzustellen. Dann kann der Bergausflug schon einmal gefährlicher, das Wetter besser, der Berg höher und die Spannweite des gesichteten Adlers größer werden und ab sofort werden sie sich eher an die von Ihnen aufgepeppte Version des Bergausfluges erinnern.

Alle unsere Erinnerungen werden beeinflusst durch Erzählungen, vermischt mit bereits bestehenden ähnlichen Erlebnissen und so nach und nach geformt und bearbeitet. Wie ein Textdokument, das wir immer wieder aufrufen, um daran herumzufeilen.
Das heißt aber auch, und das ist das Schöne daran, dass wir die Möglichkeit haben unsere Erinnerungen nach unseren

Wünschen zu gestalten und somit unsere Erwartungen positiv zu programmieren. Wenn die Erinnerung an eine Situation positiv ist, so ist es auch unsere Erwartung bei ähnlichen Situationen. Es wird Raum für das Positive geschaffen, Positives erkannt, genutzt und abgespeichert und somit verschwinden Ängste und Hemmungen.
Viele kennen vielleicht die Parkplatzgeschichte, bei dem der erste PKW Lenker, geprägt von seinen Erfahrungen bereits die Erwartung hat keinen freien Parkplatz zu finden und auch tatsächlich nur sehr schwer einen findet, wo hingegen der zweite, der in der Vergangenheit immer relativ schnell einen freien Parkplatz erhalten hat, auch mit hoher Wahrscheinlichkeit wieder einen solchen innerhalb relativ kurzer Zeit findet. Möglicherweise sucht der zweite PKW Lenker genauer, systematischer, traut sich zu, auch in eine kleine Parklücke einzuparken oder hat aufgrund seiner positiven Erfahrungen und Erinnerungen und der daraus resultierenden positiven Erwartungshaltung Strategien entwickelt, die bei der Suche nach einem freien Parkplatz eher hilfreich sind und sei es nur die Strategie mehr Geduld aufzubringen und das geduldige Warten nicht als belastend anzusehen.
Wer in bestimmten Situationen geprägt ist durch negative Erfahrungen, diese Erfahrungen durch tendenziöse Erzählungen immer wieder verstärkt und sich bei ähnlichen Situationen darauf konzentriert, schränkt sich in seinen Möglichkeiten extrem ein und hat wenig Chancen solche Situationen zukünftig positiv aufzulösen.
Wer Schmerzen erwartet, wird mit hoher Wahrscheinlichkeit Schmerzen ernten. Wer Linderung erwartet, wird diese Linderung auch eher erfahren.

Wie Gedanken zum Schicksal werden

Achte auf deine Gedanken, denn sie werden zu deinen Worten.
Achte auf deine Worte, denn sie werden zu deinen Handlungen.
Achte auf deine Handlungen, denn sie werden zu deinen Gewohnheiten.
Achte auf deine Gewohnheiten, denn sie werden zu deinem Charakter.
Achte auf deinen Charakter, denn er wird zu deinem Schicksal.
(Charles Reade)

Diese Zeilen vermitteln auf sehr eindrucksvolle Art und Weise, wie sich Gedanken zu unserem Schicksal entwickeln können.
Gedanken haben eine unglaubliche Kraft. Sie sind nicht bloß imaginäre Vorgänge in unserem Kopf – nein - sie sind vielmehr Produkte unseres vernetzten Gehirns, entstanden durch einen Austausch von Milliarden Nervenzellen mit Unterstützung von Neurotransmittern und Rezeptoraktivitäten. Sie sind die Folge eines permanenten Austausches mit unserer Umgebung und mit uns selbst. Gedanken entstehen beim Hören, Sehen, Schmecken, Riechen und Fühlen genauso wie beim Nachdenken im stillen Kämmerlein und sogar beim Schlafen. Dabei laufen komplizierte Interaktionen von Nervenzelle zu Nervenzelle in unserem Gehirn ab. Aus Sicht der Neurowissenschaftler entstehen Gedanken nicht aus dem Nichts, sondern aus messbaren und verknüpften Hirnprozessen.

Wenn Sie unterwegs Hunger verspüren und denken, ich könnte mir einen Snack genehmigen und dazu eine gedankliche Abwägung machen, könnte sie das zu dem Ergebnis führen, dass gerade ein guter Zeitpunkt dafür wäre. Aufgrund dieser Erkenntnis wäre es wahrscheinlich, dass sie gedanklich eine Möglichkeit auswählen würden, wo und wie sie sich das Essen besorgen könnten, um sich dann einen Snack ihrer Wahl zu kaufen und ihn zu essen. Voila! Der Gedanke, oder noch davor war das Bedürfnis, wurde zu ihrer Handlung.

Die Erkenntnis, dass Gedanken zu unseren Handlungen und gar zu unserem Schicksal werden können, ist ein wichtiger Hinweis im Hinblick auf den Conviction Effect. Hat sich beispielsweise der Gedanke manifestiert, man könne am eigenen Leben nichts ändern, man wäre den universellen Kräften hilflos ausgeliefert und es gäbe keine individuelle Selbstwirksamkeit, so wird es schwierig werden Veränderungen im Leben herbeizuführen, das Leben selbst in die Hand zu nehmen und Krisen eigenständig zu überwinden. Gibt es jedoch einen Gedanken, der sich damit beschäftigt, dasselbe Schicksal nicht als unabänderbar anzusehen, so werden daraus Gedankennetzwerke entstehen die Strategien kreieren, die wiederum zu Handlungen werden und uns helfen unser Leben zum Besseren zu verändern und uns aus einer Krise, aus einem tiefen, finsteren Tal herausführen können ans Licht. Ja genau - der Gedanke, der Glaube, die Gewissheit, die Überzeugung unser Leben selbst in die Hand nehmen zu können wird sich manifestieren. Er wird zu unserer Einstellung und zu unserem Schicksal im positiven Sinn werden.

Ein Gedanke entsteht aufgrund von Wahrnehmungen und aufgrund von Auseinandersetzungen mit unserer inneren Welt. Allein die Empfindung, dass es heiß ist und der Gedanke man könnte das Sakko ausziehen heißt noch nicht, dass man das tatsächlich tut. Hier kommen Prägungen, Haltungen, Erfahrungen dazu, die dazu führen das Sakko trotz der Hitze anzulassen oder es auszuziehen. Mancher Person ist es wichtig das Sakko zu tragen und diese wird es möglicherweise trotz der Hitze anbehalten und die Person, die keinen Wert auf das Tragen eines solchen Kleidungsstückes legt wird es eher ablegen. Für manche ist ein Sakko, Anzug, Krawatte ein Statussymbol und für manche nur ein notwendiges Übel. Hier kommt der große und tiefe See unseres Unterbewusstseins ins Spiel, der einen großen Anteil an dem hat, was wir denken, wie wir handeln und was wir sind. Dieses Denken, Handeln und Sein ist jedoch nicht unabänderbar. Mit jedem positiven Gedanken, mit jeder guten Tat verändern wir diesen See, machen das Wasser klarer und verändern somit auch unsere Zukunft ins Positive. Leider funktioniert das auch umgekehrt, weshalb wir sehr achtsam mit unseren Gedanken umgehen sollten.

Zum Glück ist es möglich, positive Gedankengänge zu trainieren und programmatisch und nachhaltig zu stärken. Auf Richard Davidson ist die inzwischen anerkannte Aussage zurückzuführen, dass die Kraft des Geistes das Gehirn in jede Richtung verändern kann. Alte „Schaltkreise" (Neuronennetzwerke) im Gehirn lassen sich gezielt verändern und neue aufbauen. Mittlerweile weiß man, dass jeder Gedanke des Menschen derartige Umbauprozesse anstoßen kann. Zufriedenheit und Wohlbefinden sind keine festgeschriebenen Wesensmerkmale und Zustände sondern ein Ergebnis unserer Gedanken. Gedanken sind auch immer mit Gefühlen gekoppelt. MRT Messungen zeigten, dass angenehme Vorstellungen von Probanden die Aktivitäten in jenen Bereichen des Gehirns, die für Wut, Stress, Angst und Sorge verantwortlich sind, wesentlich herabsetzten.

Es gibt viele Hinweise darauf, dass wir durch gezieltes Gedankentraining Funktionen des Gehirns und somit auch Gefühle abschwächen oder verstärken können. Unser Gehirn ist in seiner Funktion davon abhängig, was wir aus ihm machen. Tun wir nichts und lassen nur die soziale Umwelt handeln, sind wir ein Spielball politischer, kultureller und gesellschaftlicher Formungsgrößen. Aber die Wirklichkeit kann anders aussehen. Wir wissen: Gedanken steuern unser Verhalten und dieses Verhalten führt zu Veränderungen in den Schaltkreisen des Gehirns, wie das Team um Alvaro Pascual-Leone von der Harvard Universität bereits im Jahr 2005 festgestellt hat. So funktioniert Lernen. Dem zugrunde liegt ein Cocktail von Neurotransmittern, sogenannten Glückshormonen, die diese neuen Vernetzungen im Gehirn ermöglichen und nachhaltig verankern. Es entstehen neue Netzwerke von Nervenzellen, die miteinander dauerhaft kommunizieren. Das Erlernen von neuen Formeln in Mathematik basiert auf diesem Prinzip. Ebenso funktioniert das Erlernen von neuen Bewältigungsstrategien im Leben. Und allem vorgeschaltet ist der Gedanke. Er ist der Ursprung.

Die Arbeit an guten Gedanken zahlt sich demnach aus. Versuchen sie ab jetzt das Glas immer halbvoll und niemals halbleer zu sehen.

Gedanken sind somit nicht bloß intrinsische Impulse, sondern steuern unser Handeln und somit auch unsere Außenwelt. Je nachdem, ob und wie wir denken, formen wir die Zukunft.
Gedanken können unser Leben, das Schicksal unserer Kinder und unseres Planeten verändern. Je stärker ein positives Netzwerk an Gedankenkonstrukten in uns verankert ist, desto eher und leichter werden diese Gedanken anhand von

Handlungen umgesetzt und formen unsere Welt und unsere Zukunft und somit auch unser Schicksal. Je mehr wir davon überzeugt sind, etwas zum Besseren verändern zu können, desto höher die Wahrscheinlichkeit dieses Bessere zu erreichen. Wir halten den Schlüssel zu unserer Zukunft in weiten Bereichen selbst in der Hand. „Jeder Ihrer Gedanken ist etwas Reales – eine Kraft“ schrieb bereits der US-amerikanische Philosoph und Schriftsteller Prentice Mulford vor mehr als einem Jahrhundert.

Glaube und Religion

Wahrer Glaube kennzeichnet sich nicht dadurch einen Zustand für wahrscheinlich zu halten, sondern wahrhafter Glaube ist die absolute Überzeugung, die keinerlei Zweifel zulässt.
Manfred Poser, Journalist und Schriftsteller, meint, der Glaube sei ein schwer errungenes und unbedingtes Vertrauen und wer an jemanden glaube, werde sich ihm bedingungslos zuwenden, ihm völlig zugetan sein, ihn vertrauensvoll lieben und alles von ihm erhoffen. Also ein bedingungsloser absoluter Glaube wie eine tiefe unerschütterliche Überzeugung.

Dieser Glaube ist besonders wirksam, wenn es darum geht schnell von Krankheiten oder nach Operationen zu genesen. Eine Studie aus Finnland hat gezeigt, dass religiöse Frauen im Schnitt zwölf Jahre länger leben als nicht gläubige. Eine Untersuchung aus England wiederum ergab, dass gläubige Patienten nach einer Herzoperation nicht nur schneller wieder gesund wurden, sondern auch, dass kein einziger in dieser Patientengruppe starb, während in der nicht gläubigen

Vergleichsgruppe 21 Patienten bereits 6 Monate nach der Operation nicht mehr lebten.
Das sind 2 von vielen Studien, die zeigen, dass gläubige Menschen nicht nur schneller gesund werden, sondern generell bei soliderer Gesundheit zu sein scheinen und seltener krank werden. Ihr Immunsystem funktioniert besser. Es scheint auf der Hand zu liegen: Im Glauben und im Gebet fokussieren sich diese Menschen auf ein Ziel bzw. einen Zustand. Sie vertrauen durch den starken Glauben an eine höhere Macht auf das Erreichen dieses erwünschten Zustandes. Der feste Glaube daran, Hilfe zu erhalten wirkt auf das Unterbewusstsein. Körper und Geist gehorchen und leiten beispielsweise eine Heilung ein, wie bei einem Placebo.

Gemäß der Übersetzung aus dem erst im Jahr 1945 im Wüstensand Ägyptens gefundenen Thomasevangeliums sagte Jesus, das Reich Gottes sei inwendig von uns und überall um uns herum, nicht in prachtvollen Gebäuden aus Holz und Stein. Man spalte ein Holz und er sei darin. Man hebe einen Stein und man werde ihn finden. Wem sich die Bedeutung der Worte entschlüssle, der werde nicht des Todes sein.
Gott oder das Göttliche ist demnach überall und auch von überall und jederzeit abrufbar. Und Gott ist allmächtig. Diese Kombination lässt eine unaufhaltsame und mächtige Kraft aus Überzeugung entstehen, der keine Krankheit und kein Leid gewachsen zu sein scheint, nicht einmal der Tod.

1983 fragte der Physiker David Bohm während einer Konferenz mit dem Titel „Andere Wirklichkeiten“ den Dalai Lama: „Heißt das, dass jeder von uns das Universum erschafft?“ Der Dalai Lama antwortete: „Ja, diese Frage hat etwas mit Karma zu tun, was soviel wie Handeln heißt (...) Aufgrund dieses

Karmas werden über die inneren Elemente die äußeren Geschehnisse herbeigeführt (...) dies alles hängt wiederum mit dem kontinuierlichen Fortbestehen des Bewusstseins zusammen."

In einem Artikel der Süddeutschen Zeitung vom 31.01.2017 mit dem Titel „Was Karma wirklich bedeutet" wird das noch etwas präzisiert: „Für den Dalai Lama etwa ist Karma das Prinzip, das uns alle in diesem Daseins-Kreislauf auf dieser Erde gefangen hält, weil wir mit jeder Handlung, ob gut oder böse, neues Karma schaffen. 'Manche Menschen missverstehen das Konzept vom Karma', erläutert der Dalai Lama in seinem Buch 'Der Weg zum Glück'. Sie interpretieren die Lehre so, als sei alles vorherbestimmt, als gäbe es nichts, was der Einzelne daran ändern könnte. Der Ausdruck Karma oder Handlung steht für eine aktive Kraft; es bedeutet, dass zukünftige Geschehnisse in unseren eigenen Händen liegen."

Nun wird nicht jede Person religiösen Lehren und Haltungen folgen und zum religiösen Menschen werden. Ich möchte lediglich darstellen, dass der Glaube, in diesem Fall der Glaube an eine höhere Macht, den Conviction Effect auslösen und somit Unglaubliches – ja, man könnte sagen Wunder - bewirken kann. Das müssen wir alle anerkennen. Zum anderen möchte ich die Tatsache klarlegen, dass durch den Glauben das Leben frei gestalten zu können, der Conviction Effect, auch wenn er von Glaubensführern, in diesem Fall vom Dalai Lama nicht so genannt wird, ein fundamentaler Bestandteil des Glaubens oder der speziellen Glaubensrichtung ist.

Jesus aber antwortete und sprach zu ihnen: Wahrlich, ich sage euch, wenn ihr Glauben habt und nicht zweifelt, so werdet ihr solches nicht allein mit dem Feigenbaum tun, sondern, wenn ihr

zu diesem Berge sagt, heb dich und wirf dich ins Meer!, so wird's geschehen. Und alles, was ihr bittet im Gebet: so ihr glaubt, werdet ihr es empfangen.
(Matthäus 21,22)

Hypnose, Meditation und Trance

Hypnose beruht auf Suggestion (aus dem Lateinischen suggerere/suggestio: unterschieben, eingeben, einflüstern). Suggestion wiederum ist die psychische Beeinflussung der Denk-, Gefühls- und Willensabläufe eines Menschen mit dem Ziel, in ihm Veränderungsprozesse auszulösen. Beispielsweise um ihn zu einem bestimmten Verhalten zu veranlassen oder um ihn anzuhalten ein bestimmtes Verhalten zu vermeiden. Hypnose ist hierbei der Prozess, bei dem der Hypnotiseur Personen anleitet einen Trance-Zustand zu erreichen, der es ihnen ermöglicht durch die Ausschaltung des Bewussten Ressourcen nutzbar zu machen, die im Unterbewusstsein existieren.

Häuser, Hagl, Schmierer und Hansen meinen in einem, im deutschen Ärzteblatt veröffentlichten Artikel aus dem Jahr 2016: Mit dem Begriff „Hypnose" wird sowohl ein veränderter Bewusstseinszustand (Synonym: Hypnotische Trance) als auch das Verfahren zu dessen Induktion bezeichnet. In der hypnotischen Trance können physiologische, kognitive und affektive Prozesse und Verhalten modifiziert werden. Ein hypnotischer Zustand und hypnotische Phänomene können durch eine andere Person (Therapeut), aber auch selbst induziert werden (Selbsthypnose). Die subjektive Erfahrung von Hypnose ist gekennzeichnet durch einen hohen Grad an Wirklichkeitserleben (als real erlebt) und Unwillkürlichkeit

(„es geschieht von selbst“).
Die Autoren beschreiben darin auch, dass die Hypnose eine wirksame Methode in der Medizin darstellen würde, die, beispielsweise in Österreich, eine gesetzlich anerkannte Psychotherapierichtung auf tiefenpsychologischer Basis sei.
In Deutschland ist gemäß der Ausgabe des deutschen Ärzteblattes aus dem Juni 2006, die Hypnotherapie (Hypnosetherapie) bei Erwachsenen für Behandlungen bei psychischen und sozialen Faktoren in Bezug auf somatische Krankheiten sowie für die Behandlung von Abhängigkeit (Suchterkrankungen) und Missbrauch wissenschaftlich anerkannt.

Wirkfaktoren der Hypnose sind unter anderem der Glaube, die Überzeugung und das Vertrauen. Gleichermaßen funktioniert die Überzeugung um die Wirkung eines Medikamentes und um die Wirksamkeit von Behandlungsmethoden und Therapien. Diese Überzeugung und dieses Vertrauen sind Notwendigkeiten.

In allen Kulturen der Welt versetzte man sich schon zu allen Zeiten in tranceähnliche Zustände. Ziel und Zweck war es mehr Informationen über sich selbst und die Welt zu erhalten, als im normalen Alltagsleben erlangt werden konnte. Die großen Möglichkeiten der Hypnose und der dadurch erreichbaren Trancezustände, insbesondere zu Heilzwecken, scheinen damals wie auch heute, unbestritten.

Die Fähigkeit sich in Trance zu versetzen ist eine natürliche, wenngleich auch herausfordernde Eigenschaft eines jeden Menschen. Sie ist ein Wahrnehmungszustand, der in jene von Schlaf, Traum und Wachbewusstsein eingeordnet werden kann. Trance kann spontan auftreten oder durch besondere Maßnahmen eingeleitet werden. Immer wieder berichten Menschen über tranceähnliche Zustände während langer Autofahrten, wobei alle notwendigen Aufmerksamkeiten und Steuerungen automatisch erfolgten wie bei einem Autopiloten.

Sicherer sind verständlicherweise kontrolliert eingeleitete Trancezustände an einem sicheren Ort.

Der Mensch ist in Trance tief entspannt, die Augen sind geschlossen, das Empfinden ist ganz nach innen gerichtet und er ist aufnahmebereit für einfließende Informationen. Das Bedeutsamste ist jedoch die Ablösung von angelernten, angewöhnten, konditionierten Vorurteilen und Einstellungen. In Trance sind all die aufgesetzten Glaubenssätze, die wir alle mit uns herumtragen, bedeutungslos. Trance kann durch Hypnose (aber auch durch Meditation) erreicht werden. Umgekehrt betrachtet: Hypnose setzt Trance voraus. Inspiriert durch die Erkenntnisse von Hirnforschern der Universität Genf wie Yann Cojan, kommt Dr. Ulrich Warnke zu dem Schluss, dass unter Hypnose ein exklusiver Moment entsteht, in dem es zum Zusammenschluss von Bewusstsein und Unterbewusstsein kommt. Dieser Moment wird in der Medizin als therapeutische Trance bezeichnet und verwendet, um Heilung einzuleiten. Kennzeichnend für Menschen, die diesen Trancezustand erreichen, ist, dass sie tief entspannt sind, ruhig und tief atmen, keine logischen Bewertungen vornehmen sondern allein ihre emotionale Intelligenz wirken lassen. Erkenntnisse, Einblicke, Ideen und Lösungsmöglichkeiten kommen dann ganz von selbst und sind deutlich besser, als sie durch logische Überlegung jemals hätten konstruiert werden können.

Durch Meditation und Hypnose kann das Wissen des Unterbewusstseins abgerufen werden. Das ist keine Zauberei. Alle

unsere Verhaltensweisen und Handlungen, unsere Entscheidungen, unsere Worte, die wir aussprechen und unser gesamtes Wissen beruhen immer auch auf unterbewussten Informationen. Das Unbewusste ist dem Bewusstsein immer vorgelagert und hat immer die Finger mit im Spiel. In der Trance gibt es einen erweiterten Zugriff darauf, weil das Bewusstsein, das immer als Zensor agiert, weitgehend ausgeschaltet ist und nicht regulierend eingreifen kann.
Es gibt somit einen Zugriff auf das Unbewusste, den großen See, der im Verborgenen liegt und sich offenbart. Ein unglaublicher Schatz, der jedoch vielen die zweifeln und von sich selbst nicht überzeugt sind, verschlossen bleibt.

Hypnose, Selbsthypnose, Meditation und Trance eröffnen viele Möglichkeiten. Voraussetzung hierfür sind einmal mehr die Überzeugung und der Glaube an die Methode und ihre Möglichkeiten und letztendlich der Glaube an sich selbst und die eigenen Ressourcen. Ist er nicht vorhanden, wird kaum ein Zustand der Erkenntnis erreicht werden können und der Zugang zum Unbewussten verwehrt bleiben. Hypnose oder Meditation sind die Methoden dazu. Überzeugung ist der Wirkfaktor und der Auslöser zur Trance, die diese Möglichkeiten eröffnet.
An dieser Stelle erscheint es mir wichtig anzuführen, dass das Feld der Hypnose leider von vielen gutgemeinten und selbsternannten Hypnosespezialisten durchzogen ist. Hier ist unbedingt Vorsicht geboten.

Intuition

Der Begriff Intuition stammt vom lateinischen „intuitio“ und bedeutet übersetzt „unmittelbare Anschauung“. Prof. Gerd

Gigerenzer vom Max-Planck-Institut definiert Intuition als eine Beurteilung, die schnell im Bewusstsein auftaucht, dessen tiefere Gründe uns nicht ganz bewusst sind und die stark genug ist, um danach zu handeln.

Doch bevor eine Beurteilung gemacht wird braucht es als Grundlage dafür eine Information. Informationen werden über unsere Sinne (wobei Informationen auch durch Träume, in Trance und durch Hypnose und Meditation aufgenommen werden können) wahrgenommen, von unserem Bewusstsein interpretiert und als Wissen abgespeichert. Auch intuitive Wahrnehmungen sind Informationen. Sie werden jedoch nicht bewusst wahrgenommen und deswegen auch nicht bewusst interpretiert und abgespeichert. Zu einer entsprechenden Interpretation braucht es das Bewusstsein und die Verknüpfung mit Erfahrungen aus der Vergangenheit. Wir können nur Dinge interpretieren, die wir bewusst wahrnehmen und die wir kennen.
Abgespeichert, wenn auch nicht bewusst, ist diese intuitive Wahrnehmung dennoch. Allerdings liegt dieser Speicher in unserem Unbewussten bzw. im Unterbewusstsein.
Das heißt Intuition ist nicht bloß ein flüchtiges Bauchgefühl. Intuitiv gefällte Entscheidungen entstehen auf Basis eines unbewussten und wahrscheinlich auch alten und beständigen Wissens.

Instinkt wird das intuitive Verhalten von Tieren genannt, die scheinbar ohne jede Erfahrung und ohne dass es ihnen jemals vorgelebt wurde, Tierwanderungen von A nach B über Tausende Kilometer machen. Ein ähnliches Phänomen ist das „Animal PSI Trailing“, das Heimkehrvermögen von Tieren über unbekannte und weite Strecken. Oder denken sie an das Vermögen von Hunden und anderen Tieren, welche die

Heimkehr ihrer Besitzer schon Minuten vorausahnen können. Das zeigen sie anschaulich dadurch, dass sie ohne Anlass unruhig werden, freudig im Haus herumlaufen und schwanzwedelnd Minuten vor der Rückkehr der Besitzer vor der Haustüre stehen und warten. Diese Phänomene wurden bereits mehrfach wissenschaftlich bestätigt und beinahe jeder Hundebesitzer kennt sie.

Diese Fähigkeit in die Zukunft zu sehen beruht nicht auf bewusstem Wissen, sondern vielmehr auf einem Wissen abgespeichert im Unbewussten. Es ist ein unbewusstes „altes" Wissen, von Generation zu Generation weitergegeben und abrufbar. Tiere folgen unreflektiert und ohne jeglichen Zweifel diesem „alten" Wissen und finden Ziele in tausenden Kilometern Entfernung, ohne diesen Weg jemals zurückgelegt zu haben. Kein Zögern und Zaudern, lediglich eine scheinbare Gewissheit mit dem intuitiven Gespür erfolgreich zu sein und das erwartete Ziel zu erreichen bestimmt das Verhalten. Die Präzision, mit der die Erwartungen eintreten, sollte uns zu denken geben.

Intuitiv gefällte Entscheidungen entstehen auf Basis eines unbewussten und wahrscheinlich auch alten und beständigen Wissens.
(Autor)

Auch wir Menschen besitzen diese Intuition in verschiedenen Ausprägungen und auf unterschiedliche Art und Weise. Ein sehr bekanntes und auch eindrucksvolles Beispiel möchte ich hier anführen:
Der Physiker Harold Puthoff vom Stanford Research Institute konnte in Experimenten beweisen, dass telepathisch übermittelte Informationen von Perzipienten eine Stunde

früher empfangen werden konnten, als sie abgesendet wurden und zu 80% mit der abgesendeten Information übereinstimmten. Aufgrund dieser Ergebnisse erhielt er von der CIA und der U.S. Army, zwischen 1983 und 1989 weitere Aufträge für derartige Telepathieexperimente, die weit über Raum und Zeit hinausgingen.
Eine Forschergruppe in Russland um V.P. Kaznacheev von der Akademie für Medizinische Wissenschaften Russlands, nahm an internationalen Versuchen zur Distanzüberbrückung teil und bekam dabei identische Ergebnisse wie die US-amerikanischen Forscher. Auch dort wurden Informationen über bestimmte Dinge in einer Entfernung von Tausenden Kilometern empfangen, lange bevor sie per Zufall ausgewählt und ausgestrahlt worden waren. Die Schlussfolgerung der Wissenschaftler war: „Informationen über Ereignisse in der Zukunft können von Menschen intuitiv abgelesen werden bevor sie erscheinen (Intuitive Wahrnehmung)."

Die Intuition ist ein göttliches Geschenk, der denkende Verstand ein treuer Diener. Es ist paradox, dass wir heutzutage angefangen haben den Diener zu verehren und die göttliche Gabe zu entweihen.
(Zitat wird Albert Einstein zugeschrieben)

Auf die Frage, wie man weiß, ob ein Impuls Intuition oder Fantasie ist, meinte Dr. Ulrich Warnke, Intuition sei ein plötzlicher Impuls, ein intensives „von-innen-heraus-Wissen" ohne Wenn und Aber mit einem hohen Grad von gefühlter Sicherheit.
Ich möchte noch weiter gehen. Intuition ist ein Impuls, der zu einem Verhalten führt, das getragen ist von einer Gewissheit richtig zu agieren und dessen Ursprung für den Impulsempfänger nicht erkennbar ist.

Das lässt den Schluss zu, dass die aufgrund von Intuition getroffenen Entscheidungen dem Prinzip des Conviction Effects folgen. Sie werden von einem unbewussten Vertrauen auf die Unfehlbarkeit eines „Urinstinktes“ getragen, der keinen Widerspruch aufkommen lässt und der ohne Wenn und Aber von absoluter Überzeugung geprägt ist.

Nun bekommt man eine intuitive Wahrnehmung oder Eingebung nicht auf Kommando geliefert. Aber viele kennen diese latente Gewissheit, mit der sie manchmal Entscheidungen treffen, ohne sie erklären zu können. Sie beruht auf keinen klaren und nachvollziehbaren Erkenntnissen oder gar auf einem Beweis. Und genau aus diesem Grund wird diese Wahrnehmung oder Eingebung kritisch betrachtet und ihr häufig nicht nachgegeben und doch stimmt sie in vielen Fällen.

Philip Goldberg schreibt: „Dank eines breiten Spektrums neuer wissenschaftlicher Ergebnisse – zum Beispiel auf den Gebiet der humanistischen und transpersonalen Psychologie und Gehirnforschung, sowie aufgrund des immer größer werdenden Interesses für östliche Weisheitslehren, haben viele Menschen entdeckt, dass wir in uns selbst noch über ungezapfte Quellen geistiger Kraft verfügen. Diese Menschen spüren, dass in uns etwas ist – wenn auch durch schlechte Gewohnheiten und Unwissenheit verschüttet – das begreift, wer wir sind und was wir brauchen.(...)Was die Intuition betrifft, so hindern uns vor allem die unser abendländisches Weltbild bestimmenden epistemologischen Grundlagen daran, ihre Existenz und ihre Bedeutung anzuerkennen.(...)Antike Philosophen wie Platon und neuzeitliche wie Spinoza, Nietzsche und Henri Bergson haben neben anderen darauf hingewiesen, dass es jenseits verstandesmäßiger und

Sinnes-Wahrnehmungen noch höhere, intuitive Formen des Erkennens gibt. Auch Psychologen wie Gordon Allport, Abraham Maslow und C.G. Jung haben die Bedeutung der Intuition erkannt."
Albert Einstein meinte, dass es bei der Erforschung von Grundgesetzen keinen logischen Pfad gäbe, nur Intuition auf der Grundlage einfühlsamen Begreifens.

Intuition ist ein Schlüsselelement bei Entdeckungen, Problemlösungen und Entscheidungsprozessen, der zündende Funke so mancher schöpferischen Idee und hellsichtiger Ahnung.
(Philip Goldberg)

Hätten sich mutige Männer und Frauen in der Vergangenheit immer nur auf ihr Wissen (das Produkt aus Information und Interpretation basierend auf Bekanntem und unterworfen von Paradigmen) verlassen, dann hätte es nie Exploration gegeben und wir würden immer noch dieselbe alte Suppe kochen.

Geistige Fitness

Unser Gehirn ist ein Wunderwerk der Natur. Darin arbeiten im Normalfall etwa 100 Milliarden Nervenzellen (Neuronen), die alle auf komplizierte Weise miteinander verschaltet sind. Sie sind die Grundbausteine unseres Gehirns, das wie ein informationsverarbeitendes System funktioniert. Innerhalb von Millisekunden feuern Millionen von Nervenzellen elektrische Impulse zu anderen Nervenzellen ab und ermöglichen uns dadurch zu denken, zu fühlen, uns zu bewegen, zu atmen und vieles mehr. Durch diese Impulsweitergabe von Nervenzelle zu Nervenzelle entstehen ganze Netzwerke, die sich

miteinander verknüpfen. Für die Bildung solcher Netzwerke sind Neurotransmitter verantwortlich, die die Weitergabe der Impulse von einer Zelle zur anderen ermöglichen. Solche Netzwerke und Verbindungen können durch Training und Lernen ausgebaut und neu geschaffen werden. Somit kann auch die Kapazität unseres Gehirns zur Informationsgewinnung und -speicherung verbessert werden.
Wie intelligent ein Mensch ist und in welchem Ausmaß er komplexe Dinge erfassen kann, hängt somit nicht vorrangig von der Gehirnmasse ab, die bei allen Menschen ähnlich groß ist, sondern vielmehr davon, wie effizient die einzelnen Nervenzellen und Gehirnbereiche miteinander vernetzt sind und zusammenarbeiten. Aus der Gehirnforschung weiß man, dass sich Kontakte zwischen Nervenzellen über das gesamte Leben immer wieder neu ausbilden. Auch alte Verknüpfungen verändern sich permanent. Dies geschieht vor allem dann, wenn Nervenzellennetzwerke intensiv genutzt oder auch vernachlässigt werden. Beispielsweise durch Neugier, Interesse an Neuem, Lernen und neuen Erfahrungen werden Netzwerke auf- und ausgebaut. Durch das Aufgeben von Aktivitäten und Interessen verkümmern sie. Das heißt, solange man das Gehirn nicht „verhungern" lässt, indem man keine neuen Reize setzt, schreitet die Vernetzung und somit die Weiterentwicklung des Gehirns stets fort.
Im Laufe des Alters werden wir bequemer und träger. Sobald passive Unterhaltung kreative Hobbys, soziale Kontakte, Reisen und vieles mehr ersetzt, verkümmert unser neuronales Netzwerk (Netzwerk der Nervenzellen im Gehirn). Man wird vergesslich, unglücklich, inaktiv und träge. Vieles wird dadurch beschwerlicher und verstärkt diese Entwicklung noch. Es entsteht ein gesundheitsschädlicher Kreislauf. Unsere geistige Fitness gerät in ernsthafte Gefahr.

Zum Glück kann in den meisten Fällen dieser Prozess umgedreht werden! Auch im hohen Alter kann das neuronale Netzwerk im Gehirn wieder gestärkt und ausgebaut werden. Gehirnforscher haben festgestellt: Wer nicht stehenbleibt und sich in sozialen, geistig intellektuellen und sportlichen Bereichen weiterentwickelt, fühlt sich besser, ist motivierter, zuversichtlicher, aktiver und erkrankt zudem wesentlich seltener an einer Depression und an Alzheimer. Wer also sein Gehirn trainiert (Use it, or loose it), kann auch im hohen Alter noch neue Netzwerke im Gehirn anlegen.
Damit dieses neuronale Netzwerk funktioniert, benötigt es für die Impulsübertragung von Nervenzelle zu Nervenzelle Neurotransmitter, welche im Volksmund häufig „Glückshormone“ genannt werden. Wichtige Stellvertreter dieser „Glückshormone“ sind Acetylcholin, Noradrenalin, Serotonin, Dopamin und Oxytozin. Diese Neurotransmitter sind unter anderem für die funktionierende Vernetzung unseres Gehirns verantwortlich und bremsen somit die Vergesslichkeit, ermöglichen uns geistige Höchstleistungen, sorgen für gute Stimmung und regen unsere Kreativität, Inspiration, Neugier, Motivation und Phantasie an. Den Neurotransmittern werden wir uns in diesem Buch noch näher widmen.

Was kann man nun konkret tun um die geistige Fitness zu erhalten?
Bleiben sie neugierig. Bleiben sie vielfältig. Bleiben sie interessiert. Bleiben sie kreativ. Bleiben sie reflektiert. Bleiben sie kritisch. Achten sie auf ihre sozialen Kontakte. Bewegen sie sich. Treiben sie Sport. Achten sie auf ihre Ernährung. Bilden sie sich weiter.

Was hat das nun mit dem Conviction Effect zu tun? Nun, wir

wissen, dass ein gut funktionierendes und verschaltetes neuronales Netzwerk zu geistiger Fitness führt und somit zu einem interessanten, spannenden, zufriedenen und glücklichen Leben. Ideenreichtum, Inspiration und Lösungsbereitschaft kommen dabei ebenso wie soziale Beziehungen, Erfolg und Anerkennung nicht zu kurz. Wie wir bereits wissen, gibt es im Leben nicht nur Höhen sondern auch Tiefen und in ein solches tiefes Tal wird mit hoher Wahrscheinlichkeit beinahe jeder von uns ein- oder mehrmals geraten. Und genau in diesem tiefen Tal brauchen wir dann all unsere Kraft, Zuversicht, Inspiration, Motivation und Überzeugung, um wieder herauszukommen. Wir brauchen all unsere „Glückshormone" und verschalteten Netzwerke im Gehirn, um die Zuversicht und Überzeugung zu gewinnen, das Leben aus Eigenem zum Besseren wenden zu können. Wir wissen dann auch, dass wir dieses Unterfangen schaffen können, dass wir die Voraussetzungen dafür haben und auch die Möglichkeit, Probleme in ihrer Komplexität zu erkennen und Lösungen dafür zu finden. Ein fitter Geist ist eine Grundvoraussetzung dafür, dass der Conviction Effect funktioniert.

Das Motivationssystem

Wir Menschen besitzen ein sehr komplexes Motivationssystem (dopaminerges System)in unseren Hirnstrukturen, das durch starkes Verlangen und Begehren ausgelöst wird. Der anerkannte deutsche Medizinprofessor Dr. Joachim Bauer hat sich mit dem Motivationssystem in unserem Gehirn auseinandergesetzt und kam zu folgenden, für den Conviction Effect weitreichenden, Erkenntnissen. Der Kern des Motivationssystems liegt im Mittelhirn, zentral gelegen, und ist über

Nervenbahnen mit vielen anderen Regionen in unserem Gehirn verbunden. Die Treibstoffe dieses Systems sind Dopamin, endogene Opioide und Oxytozin. Das sind Neurotransmitter bzw. Botenstoffe, die wir bereits im Kapitel „Geistige Fitness“ kennengelernt haben und die auch landläufig als „Glückshormone“ bezeichnet werden. Sie ermöglichen eine Art „Kommunikation“ der einzelnen Nervenzellen, die sehr positive, anregende und wohltuende Gefühle im menschlichen Organismus auslösen.
Die Freisetzung von Dopamin löst im gesamten Organismus Effekte aus wie eine Dopingdroge. Es erzeugt ein Gefühl des Wohlbefindens, hat anspornende Wirkung und versetzt Körper und Geist in einen motivierten Zustand geprägt von Konzentration und zielgerichtetem Verhalten.
Die zweite körpereigene „Droge“, die das Motivationssystem zu vergeben hat, sind endogene Opioide, die einen sanften und wohltuenden Effekt nach sich ziehen. Sie wirken auf die Emotionszentren des Gehirns und lösen ein positives Ich-Gefühl, emotionale Gestimmtheit und Lebensfreude aus.
Der dritte Wohlfühlbotenstoff, für den das Motivationssystem zuständig ist, ist Oxytozin. Dieses körpereigene Produkt verfügt laut Dr. Joachim Bauer über sehr interessante, unter anderem auch den erotischen Bereich betreffende Spezialeigenschafen. Angeregt wird die Bildung von Qxytozin durch alle Formen freundlicher Interaktion, besonders aber durch Zärtlichkeiten, wie zum Beispiel Streicheln der Haut oder das Massieren von erogenen Zonen.

Die neurobiologischen Regionen, in denen diese Neurotransmitter freigesetzt werden, sind untereinander verschaltet und man kann sie als großes Gesamt-Motivationssystem ansehen. Der Sinn eines solchen Systems ist es, lohnende Ziele durch entsprechende Motivation erreichbar zu machen und im

Körper dafür möglichst günstige Bedingungen zu schaffen. Eine Erkenntnis der Wissenschaft darüber, was das Motivationssystem eigentlich erreichen will, war überraschend: Das natürliche Ziel des Motivationssystems ist die Erreichung von sozialen Gemeinschaften und von gelingenden Beziehungen mit anderen Menschen, Zärtlichkeit und Liebe eingeschlossen. Aber auch alle Formen des sozialen Zusammenwirkens. Beispielsweise in der Familie, am Arbeitsplatz, in der Schule, im Verein, im Freundeskreis oder weiter hinausgehend in der Kommune oder insgesamt in der Bevölkerung.

Sinn der Motivation ist demnach in erster Linie ein für uns Menschen bedeutsames Ziel zu erreichen: Zwischenmenschliche Anerkennung, Wertschätzung, Zuwendung und Zuneigung. Wir sind aus neurobiologischer Sicht auf soziale Resonanz ausgelegte Wesen. Nichts aktiviert das Motivationssystem so sehr wie der Wunsch, von anderen gesehen zu werden, die Aussicht auf soziale Anerkennung, das Erleben positiver Zuwendung und natürlich die Erfahrung der Liebe. Das alles wirkt wie eine Droge auf unseren Organismus und versetzt uns auf ganz legale Weise in eine Art „Rauschzustand". Allerdings gibt es auch eine schlechte Nachricht: Die Motivationssysteme schalten ab, wenn keine Chance auf soziale Zuwendung besteht. Soziale Isolation oder Ausgrenzung, wenn sie über einen längeren Zeitraum anhält, führt zu Apathie und zum Zusammenbruch jeglicher Motivation. Dies erklärt auch den bekannten Umstand, dass Menschen nach dem Verlust wichtiger zwischenmenschlicher Beziehungen oft einen Einbruch ihrer Lebensmotivation erleben und von Gefühlen der Sinnlosigkeit geplagt sind.

Die Bedeutung von Dopamin wurde bereits im Jahr 1954 festgestellt. James Clear, ein amerikanischer Autor, bezieht sich

dabei auf ein Experiment der Neurowissenschaftler James Olds und Peter Milner, das diese mit Ratten durchgeführt hatten. Durch den Einsatz von Elektroden blockierten sie bei Ratten die Freisetzung von Dopamin und kamen zu einem damals bahnbrechenden Ergebnis. Die Ratten verloren jeglichen Lebenswillen. Sie fraßen nicht mehr, paarten sich nicht mehr und zeigten keinerlei Verlangen mehr. Innerhalb weniger Tage waren die Tiere verdurstet. Als andere Forscher diesen Prozess umkehrten und das Motivationssystem mit Dopamin überfluteten, führten die Tiere ihre Gewohnheiten in einem unglaublich halsbrecherischen Tempo aus.
Mittlerweile weiß man auch: Dopamin wird nicht nur freigesetzt, wenn man Freude empfindet und sich wohlfühlt, sondern auch, wenn man solche Freude erwartet. Gemeint ist damit die Vorfreude, die freudige Erwartung auf ein positives Empfinden, auf eine Handlung, die diese positive Empfindung auslöst oder noch besser ausgedrückt die Erwartung auf eine Belohnung. Der Conviction Effect, die Überzeugung etwas erreichen zu können, entspricht genau diesen dopaminfreisetzenden Belohnungserwartungen und löst somit diese Vorfreude aus, die Freude auf eine positive Veränderung, auf die Erreichung eines positiven Zustandes nach unseren Anstrengungen. Durch die Ausschüttung von „Glückshormonen" wie Dopamin werden diese Anstrengungen und Bemühungen auch bewältigbar, solange wir überzeugt sind, dass wir das Gewünschte auch erreichen. Je attraktiver wir unsere Veränderung empfinden, je genauer wir sie vor Augen haben, desto größer und stabiler ist unsere Vorfreude und somit auch unsere Motivation.

Zusammenfassend kann gesagt werden, dass das Motivationssystem sehr entscheidend ist für die Auslösung des Conviction Effects oder besser gesagt, dass die Auslösung des

Conviction Effects unmittelbar mit dem Motivationssystem zusammenhängt. Gibt es keine Motivation, so kann auch die Kraft der Überzeugung ihre Wirkung nicht ausbreiten und umgekehrt. Gibt es keine Überzeugung, so wird auch die Motivation etwas zu erreichen oder zu verändern ausbleiben. Eines bedingt das andere. Deshalb ist es von immanenter Bedeutung alle unsere Ziele und Vorhaben immer vor unserem inneren Auge zu haben, uns die positive Wirkung des Vorhabens, der Veränderung sehr plastisch vorzustellen, um den Conviction Effect auch tatsächlich auszulösen. Gleichzeitig sollten wir bei allen Zielen, die wir verfolgen, unsere sozialen Kontakte nicht außer Acht lassen, unsere Familie, unsere Freunde, unsere Kollegenschaft, und diesen Aufmerksamkeit, Wertschätzung und Zuneigung zukommen lassen. Sie werden es uns zurückgeben und uns damit die Anerkennung zuteil werden lassen, die gleichfalls äußerst erheblich für die Auslösung des Conviction Effects ist. Ein Mensch, der Anerkennung findet ist glücklicher, zufriedener und erfolgreicher als Personen, die diese Anerkennung nicht finden. Er wird auch seinen Mitmenschen mit Respekt und Anerkennung begegnen, anderenfalls ist Glück, Zufriedenheit und Erfolg nur von kurzer Dauer bzw. kann gar nicht erreicht werden. Deshalb: Schaffen Sie sich ein Umfeld, das getragen wird von Respekt und Wertschätzung, Hilfsbereitschaft, Vertrauen und Liebe und nicht geprägt ist von Streit, Intoleranz und Egoismus.

Angst, Panik und Zusammenbruch

Franklin D. Roosevelt, Präsident der USA (1933 bis 1945) warnte in seiner Antrittsrede:

„So lassen Sie mich denn als Allererstes meine feste Überzeugung bekunden, dass das Einzige, was wir zu fürchten haben, die Furcht selbst ist – die namenlose, blinde, sinnlose Angst, die die Anstrengungen lähmt, deren es bedarf, um den Rückzug in einen Vormarsch umzuwandeln.“

Angst, natürlicher Schutz oder psychische Erkrankung

Dr. Wittchen und Dr. Jakobi vom Robert Koch Institut haben sich mit der Angst beschäftigt und brachten das Phänomen auf den Punkt:

Angst ist die natürliche Reaktion des Menschen auf Gefahren. Sie äußert sich auf allen Ebenen unseres Verhaltens und Erlebens:

- im kognitiven und emotionalen Bereich: dies betrifft Denken, Aufmerksamkeit, Gedächtnis und gefühlsmäßiges Erleben, z.B. Einengung der Wahrnehmung auf gefahrenrelevante Reize, Einengung des Denkens und Fühlens bei Befürchtungen, selektives Lernen und Erinnern,
- im Verhalten: meist Flucht oder Vermeidung und
- auf der körperlichen Ebene: Alarmreaktionen im sympathischen Nervensystem mit Symptomen wie z. B. Herzrasen, Schwitzen, Beschleunigung des Atmens, Zittern.

Angst ist dem Menschen einerseits als natürliche Anpassungsleistung mitgegeben und für das Überleben im Sinne der Vermeidung von Gefahren sinnvoll. Andererseits existieren Phänomene, die heutzutage als Angsterkrankungen bzw. Angststörungen bezeichnet werden. Hierzu zählen verschiedene Krankheitsbilder, denen gemeinsam eine andauernde Störung und Fehlsteuerung des Angst-Stress-Reaktionssystems zugrunde liegt. Bei Angststörungen sind die Angstreaktionen nicht mehr angemessen und führen zu erheblichen Beeinträchtigungen und Belastungen der Betroffenen. Das Problem besteht zudem darin, dass bei Angststörungen die Angst eine Eigendynamik entwickelt, welche die Störung permanent aufrecht erhält und letztendlich nichts mehr mit Realängsten zu tun hat. Nicht nur die Angst in nicht wirklich gefährlichen Situationen ist unangemessen übersteigert (Angstanfälle, Panikattacken), auch die ausgeprägte Erwartungsangst (Angst vor der Angst) führt zu einer eingeschränkten Lebensführung und meist zu emotionalen Folgeproblemen.

Die natürliche („gesunde") Angst hat somit die Aufgabe uns zu schützen. Wenn sie zum Beispiel ein gefährliches Tier angreift wird ihr Körper schlagartig Adrenalin ausschütten, ihr Herz wie wild zu schlagen beginnen und sie werden sich in Sekundenbruchteilen für Kampf oder Flucht entscheiden. Das ist eine völlig normale und lebensnotwendige Reaktion. Nun kommt es, im Gegensatz zu vergangenen Zeiten, nicht so oft vor, dass wir uns mit Angriffen von gefährlichen Tieren konfrontiert sehen. Auf der anderen Seit gibt es auch heute im Alltag Situationen, die mit einem solchen Angriff vergleichbar sind und bei denen unser „Angstsystem" anschlägt. Denken sie an gefährliche Situationen im Straßenverkehr, bei verschiedenen Sportarten oder bei der Arbeit. Denken sie auch an Situationen, in denen sie aggressiven verbalen Attacken ausgesetzt sind oder an Aufgaben, die nur schwer zu bewältigen sind und sie in großen Stress versetzen. Solche Situationen sind im Sinne unserer körperlichen und geistigen Funktionen mit dem Angriff eines gefährlichen Tieres vergleichbar. So sind wir programmiert. Die Natur hat uns hier mit einem System ausgestattet, das uns für Kampf

oder Flucht leistungsfähiger macht. Nur ist weder Flucht noch Kampf in einer Stresssituationen eine Option. Und das ist das Dilemma.
Mit jedem ängstlichen Gedanken regt ihr Gehirn die Nebennieren dazu an, Adrenalin auszuschütten. Dieser Botenstoff lässt ihr Herz schneller schlagen, um möglichst schnell viele Nährstoffe und Sauerstoff in ihren Körper zu transportieren. Vor allem Arme und Beine werden reichlich versorgt um für Flucht und Abwehr gewappnet zu sein. So weit so gut. Nun sind wir jedoch beim Dilemma, das alltäglichen Stress- und Angstsituationen mit sich bringen. Nehmen wir an, sie sitzen im Büro und arbeiten an einem äußerst wichtigen Bericht, der innerhalb eines kurzen und unmöglich schaffbaren Zeitraums fertig sein muss. Sie allein sind verantwortlich für die termingerechte Einreichung des Berichtes und wissen, sie können das unmöglich schaffen. Der Gedanke an die vielen bedrohlichen Reaktionen, die ein unfertiger Bericht nach sich ziehen würde, versetzt sie in Panik. Das „Angstsystem" schlägt an, pumpt Adrenalin in ihren Körper, ein Überschuss an Sauerstoff und Nährstoffe werden für Flucht und Angriff zur Verfügung gestellt. Nur wohin damit? Der Körper muss einen Weg finden den Überschuss abzubauen, um so schnell wie möglich wieder in eine gesunde Balance zu kommen. Für diesen Abbauprozess nutzt er Mikrobewegungen der Muskulatur, die ihnen möglicherweise bekannt vorkommen. Ein Kribbeln in Armen und Beinen, Zittern, Anstieg der Körpertemperatur, Harndrang, Magenkrämpfe, Hitzewallungen, schweißnasse Hände und manchmal auch Hyperventilation sind die Folge. Ihr Körper versucht die überschüssige Energie los zu werden und wieder ins Gleichgewicht zu kommen. Diese Reaktionen sind Warnsignale, die wir unbedingt beachten sollten. Auf Dauer sind das Zustände, die wir nur sehr schwer aushalten können und die uns krank machen können.

Sinnvoll wäre es im Fall unseres Beispiels, den Bericht beiseite zu legen und den Körper mit Bewegung zu fordern, um ihn wieder „runter“ zu holen. Oft würden bereits einige Gymnastik- und Atemübungen reichen. Doch leider machen das die Wenigsten, sitzt doch die Panik vor dem Versäumnis zu stark im Nacken.

Angst, Bedeutung von Bauchgefühl und Unterbewusstsein

Das erstmalige Auftreten einer Panikattacke ist häufig die Folge von vielen verdrängten Warnsignalen des Körpers, meint der deutsche Psychotherapeut Klaus Bernhardt. Diese Warnsignale sind sowohl psychischer als auch physischer Natur. Sie wollen uns dazu bewegen, etwas in unserem Leben zu verändern, das uns schon lange nicht mehr guttut. Solche Warnhinweise sind unter anderem plötzlich nachlassende Merk- und Konzentrationsfähigkeit, Antriebsschwäche, Kraftlosigkeit, Traurigkeit, Schlafstörungen, Magen- und Darmprobleme, Hautirritationen, unwillkürliches Muskelzucken, Bandscheibenprobleme und letztendlich, wenn den Warnsignalen kein Gehör geschenkt wird, Panikattacken.

Intuitiv wissen wir, dass uns diese Warnsignale darauf hinweisen wollen, dass manches in unserem Leben schief läuft. Aber unser Verstand, der analysiert und abwägt und in solchen Fällen oft ein schlechter Ratgeber ist, hält uns davon ab auf diese Warnsignale zu hören.

Psychosomatische Störungen, wie die beschriebenen, sind demnach häufig Hinweise unseres Unterbewusstseins an unseren Verstand, ein bestimmtes Verhalten oder eine Denkweise zu ändern, damit langfristig größerer Schaden erspart bleibt.

Somit kann angenommen werden, dass unser Unterbewusstsein, lange bevor wir es bewusst mit unserem Verstand erfassen können, ungesunde Verhaltens- und Denkweisen erkennt und versucht, uns das auch mitzuteilen. Das Unterbewusstsein ist dank seiner Leistungsfähigkeit und aufgrund des unermesslichen Fundus an abgespeicherten Information dem Verstand weit überlegen. Während unser Verstand noch hin und her überlegt, nach Argumenten sucht, Für und Wider abwägt, gäbe es bereits durch das sogenannte Bauchgefühl bereitgestellte Lösungen.
Hören wir nicht auf dieses Bauchgefühl und zwingen unser Unterbewusstsein uns wieder und wieder zu ermahnen, weil unser Verstand aus Angst vor Veränderungen an Verhaltensweisen festhält, die uns krank machen, ist ein Zusammenbruch vorprogrammiert.
Es geht also darum wieder auf seinen Bauch zu hören. Woran aber können wir erkennen, ob etwas eine Entscheidung des Unterbewusstseins, also eine Bauchentscheidung ist, oder eine Entscheidung des Verstandes? Das ist einfacher als sie denken.
Beispielsweise ihr Bauch sagt „Nein“, wenn sie ihr Chef wieder mal am Wochenende zu Überstunden verdonnern möchte. Sie spüren intuitiv, dass sie ihrer Gesundheit und vielleicht auch ihrer Familie zuliebe „Nein“ sagen sollten. Gleichzeitig sucht ihr Kopf nach Gegenargumenten. Häufig sind diese materieller Art, wie zum Beispiel: „Das Geld könnte ich gut gebrauchen“, „das ist gut für die Karriere“ oder „wenn ich das nicht mache fliege ich raus“. Der Bauch sagt: „Stopp“, liefert aber keine Erklärung, der Verstand sagt: „Komm du schaffst das! Du kannst das Geld gut gebrauchen“. Wenn sie sich immer wieder für den Verstand entscheiden führt das irgendwann zum Zusammenbruch. Dann sorgt dieser Breakdown für eine Auszeit. Und zwar in aller Regel

durch eine Krankheit, die unter anderem eine Angststörung sein kann.

Hören sie auf ihr Bauchgefühl. Dazu braucht es das Vertrauen in ihr Unterbewusstsein. Ohne ein analytisches Abwägen von Pro und Kontra. Wenn es ihr Wunsch ist ein glückliches und gesundes Leben zu führen, müssen sie daran glauben, dass sie in der Lage sind diesen Wunsch wahr werden zu lassen. Wenn sie sich dabei auf ihr Unterbewusstsein und ihr Bauchgefühl verlassen, sind sie in sicheren Händen. Das Unterbewusstsein irrt sich nie und kann sie aus den dunklen Gassen der Depression und Angststörungen führen. Noch besser wäre es, sie hören rechtzeitig auf ihr Bauchgefühl und kommen somit erst gar nicht in die Verlegenheit sich in einer gesundheitlichen Sackgasse wiederzufinden.

Zahlen von Angststörungen

Klaus Bernhard meinte 2016 in seinem Buch „Panikattacken und andere Angststörungen“, dass alleine im deutschsprachigen Raum mehr als 14 Millionen Menschen an diagnostizierten Angsterkrankungen leiden würden.

In dem Bericht von Dr. Wittchen und Dr. Jakobi, veröffentlicht im Heft 21 der deutschen Berichterstattung vom Mai 2004, wird angeführt, dass 14,2 % der Befragten im Alter von 18 bis 65 Jahren innerhalb des Zeitraumes von einem Jahr unter einer klinisch relevanten Angststörung gelitten hätten. Frauen wären in etwa doppelt so häufig erkrankt wie Männer.

Somit kann gesagt werden, dass sich die Aussagen

a) von Klaus Bernhard, der die Zahl von 14 Millionen Menschen mit diagnostizierten Angststörungen im deutschsprachigem Raum nennt (bei einer Einwohnerzahl von etwa 97 Millionen im deutschsprachigem Raum entspricht das 14,4%) und

b) die im Bericht des Robert Koch Instituts angeführt sind und darin den mit Angststörungen betroffenen Bevölkerungsanteil mit 14,2 Prozent beziffert,

in etwa decken, wobei der Zeitraum, auf den sich die Zahlen von Bernhard beziehen nicht bekannt ist.

Das deutsche Online Medium „Der Tagesspiegel" veröffentlicht am 10.06.2020 einen Artikel mit dem Titel „75 Prozent der psychischen Erkrankungen vor dem 24. Lebensjahr". Darin ist zu lesen, dass Angsterkrankungen in der Regel relativ früh im Leben auftreten würden und ihren Erkrankungsgipfel bereits in der Kindheit und Jugend hätten. 50 Prozent der psychischen Erkrankungen würden vor dem 14. Lebensjahr beginnen, 75 Prozent vor dem 24. Lebensjahr.

Mut ist nicht die Abwesenheit von Angst, sondern die Überzeugung, dass etwas wichtiger ist als die Angst.
(Franklin D. Roosevelt)

Keine Angst vor Veränderungen

Wir sind nun wieder an einem Punkt angelangt, an dem verschiedene Kapitel dieses Buches ineinander verschmelzen. Vieles steht direkt und indirekt mit Gesundheit in Verbindung. Sie halten, durch ihr Unterbewusstsein und durch die Überzeugung, dass sie diesem Unterbewusstsein vertrauen können, den Schlüssel zu einem gesunden Leben in Händen. Nur sie haben die Macht in letzter Instanz zu entscheiden was sie tun und was sie lassen. Sie können in jeder Sekunde ihres Lebens über ihre Zukunft entscheiden. Niemand kann sie zwingen einem Beruf nachzugehen, der sie unglücklich macht. Sie müssen keine Beziehung aufrechterhalten, in der sie sich nicht wohlfühlen. Keiner kann von ihnen Dinge verlangen, die gegen ihre Überzeugungen verstoßen. Niemand kann von ihnen verlangen in einem Umfeld zu leben, in dem sie keine Liebe und keinen Respekt erhalten. Sie selbst entscheiden, was für sie gut und richtig ist.

Sind sie bereit dazu, die volle Verantwortung für ihr Leben zu übernehmen? Sind sie bereit dazu, Ängste vor Veränderungen hinter sich zu lassen? Wenn sie diese Fragen mit einem überzeugten Ja beantworten können, dann haben sie einen unglaublich wichtigen Schritt zur Auslösung des Conviction Effects gemacht. Sie haben unbewusst ihre Überzeugung in ihre eigene Kraft, basierend auf dem Vertrauen in ihr Unterbewusstsein, bekräftigt und einen mächtigen Mechanismus in Gang gesetzt. Ähnlich wie der amerikanische Präsident Franklin D. Roosevelt in seiner Amtsantrittsrede seine Überzeugung zum Ausdruck brachte: Namenlose, blinde, sinnlose Angst muss überwunden werden um vorwärts zu kommen.

Bewältigen statt Vermeiden

Verabschieden sie sich vom Anspruch perfekt sein zu müssen. Perfektionismus ist ein Zustand, den es nicht gibt. Perfektion ist eine Illusion.

Ob wir uns für eine Bewältigung oder eine Vermeidung von herausfordernden Situationen entscheiden, hat, wie wir bereits behandelt haben, viel mit Angst und unserer Bereitschaft für Veränderungen zu tun. Als Beispiel für Vermeidungsstrategien möchte ich deshalb die Angst vor öffentlichen Auftritten (Sozialphobie) heranziehen. Eine Angst, die unter Umständen durchaus heftig sein kann. In unterschiedlichen Ausprägungen kennen die meisten Menschen dieses Gefühl, das von Anspannung und Aufgeregtheit bis zur lähmenden Angst reichen kann. Öffentliche Auftritte, eine Rede vor mehreren Menschen oder ganz generell die Aufmerksamkeit über Gebühr auf sich zu ziehen, all das kann derartige Empfindungen auslösen. In manchen Fällen können Betroffene Tage oder gar Wochen vor dem Tag X nicht mehr gut schlafen, ihre Gedanken kreisen ständig um das Ereignis, sie stellen sich alle möglichen negativen Szenarien vor und beschäftigen sich mit allem möglichen das schief gehen könnte. Allein der Gedanke an das bevorstehende Ereignis erhöht ihren Puls, Blutdruck und Schweißfluss und sie denken: Hätte ich mich doch niemals darauf eingelassen. Sie denken über Exit-Strategien nach, über Ausreden, wie zum Beispiel wichtige familiäre Angelegenheiten, Unpässlichkeit oder Krankheit, um dem Ereignis aus dem Weg zu gehen. Und oft wünschen sie sich Unpässlichkeit und Krankheit so stark herbei, dass sie tatsächlich krank werden (ein anschauliches Beispiel für die negativen Seiten des Conviction Effects).

Wir können uns vor den Herausforderungen des Lebens nicht drücken, das klappt auf Dauer nicht und führt zu keinem lebenswerten Dasein. Allerdings können wir uns bemühen, Herausforderungen anzunehmen und versuchen, diese mit den uns zur Verfügung stehenden Mitteln so gut wie möglich zu bewältigen. Diese Bewältigung muss nicht perfekt sein. Verabschieden sie sich hier und jetzt von dem Anspruch perfekt sein zu müssen. Perfektionismus ist ein Zustand den es nicht gibt. Perfektion ist eine ganz individuelle

Vorstellung. Für jede Person sieht diese Perfektion anders aus. Was für sie perfekt ist, muss es noch lange nicht für andere sein. Werfen sie ihren Anspruch auf Perfektion über Bord. Das erleichtert ihnen das Leben ungemein.

Auf unserer Wanderung durch das Leben werden wir immer wieder auf schwierige Passagen und tiefe, steile und finstere Taleinschnitte stoßen. Diese Täler können mit herausfordernden und schwierigen Lebenssituationen verglichen werden. Einige dieser Täler könnten möglicherweise auch umgangen werden. Allerdings wäre das mit großem Verlust an Lebenszeit und vielen Entbehrungen verbunden. Zudem gelingen solche Umgehungen nicht immer. Glücklicherweise, sonst könnten wir nie die Erfahrung machen, dass solche Täler auch überwindbar sind. Wir würden nie erleben welche Kraft in uns steckt und nie erleben wie wir diese Kraft in schwierigen Situationen mobilisieren können. Unser Ziel muss es sein Schritt für Schritt auf unserem Lebensweg vorwärts zu gehen, in unserem eigenen Tempo, und uns dabei den Herausforderungen, auf die wir treffen, zu stellen.
Nun ist es leider so, dass im Lebensalltag häufig die Vermeidungsstrategie anstelle der Bewältigungsstrategie angewandt wird. Täler werden umwandert und damit viel verlorene Zeit in Kauf genommen. Warum?
Unter anderem sind dafür Konditionierungen, Prägungen und Glaubenssätze verantwortlich, die wir bereits sehr früh verankert haben. Wenn Kinder von klein auf immer wieder hören „Tu' dies nicht und tu' das nicht!“, ihnen vieles nicht zugetraut wird und sie von ihren Eltern unter einen „Glassturz“ gestellt werden (dieser Redewendung liegt im Übrigen eine große Wahrheit, ein tieferer Sinn zugrunde, denn Glas, das uns schützen soll, ist zerbrechlich und wenn es tatsächlich zerbricht wird die Situation wesentlich gefährlicher, als

sie es ohne Glassturz gewesen wäre) bekommt das Bewahren Vorrang vor dem Bewältigen. Durch dieses Bewahren erlernen sie Situationen zu vermeiden, um damit ganz auf Nummer sicher zu gehen. Dadurch wiederum, wird das Erlernen einer konstruktiven Herangehensweise bei Herausforderungen unmöglich gemacht.
Es ist verständlich, dass wir unsere Kinder schützen wollen, aber schützen wir sie durch Vermeidung tatsächlich? Wir können versuchen jedes tiefe Tal zu entschärfen und zu umgehen, aber was passiert, wenn uns das einmal nicht gelingt? Wenn wir nicht da sind?
Unsere Kinder werden zu Erwachsenen und wandern eigenverantwortlich und ohne Hilfe auf dem Weg des Lebens. Sollten sie nie mit schwierigen Bedingungen konfrontiert worden sein, Bekanntschaft mit vermeintlichen Gefahren und der Dunkelheit der Täler gemacht haben und ständig den Weg der Vermeidung eingeschlagen haben, so kann das zu einer lebenslangen Strategie werden. Sicherlich können wir heutzutage unser Leben so gestalten, dass beinahe alle Gefahrensituationen ausgeschaltet werden und wir nur wenige Risiken eingehen müssen. Aber können Gefahren auf Dauer vermieden werden? Nein! Auch nicht wenn das Haus, die Wohnung nicht mehr verlassen wird. Es ist nun mal so, das Leben steckt voller Herausforderungen und ist manchmal gefährlich. Schwierige Situationen kommen und gehen und sollten gut bewältigt werden. Wir brauchen das Rüstzeug dazu und das eignen wir uns dadurch an, dass wir uns Herausforderungen stellen. Schritt für Schritt.

In unser aller Leben gibt es Bereiche, in denen wir uns rundherum wohl und behaglich fühlen, Bereiche, die wir lieben, die voll sind mit gewohnten und liebgewonnen Menschen und Dingen, mit gewohnten Denkweisen, Handlungen und

Ritualen. In diesen Bereichen, diesen Wohlfühlzonen spielt sich der Großteil unseres Lebens ab. Eine kleine Welt, die wir für uns erschaffen haben. Das können die Familie, die Arbeitskollegen und Freunde, der Beruf, die Hobbys oder das Vereinsleben sein. Mit einem Wort unser gewohnter Alltag.

Das Leben in dieser Wohlfühlzone ist zwar sehr angenehm, aber manchmal hat man das Gefühl, als würde ein wenig die Würze fehlen. Alles ist immer gleich. Die gleichen Freunde, die gleichen Erlebnisse, die gleichen Erfahrungen, die gleichen Aufgaben und manchmal fragt man sich: Hat das Leben nicht mehr zu bieten? Und manchmal will oder muss man aus dieser Wohlfühlzone einen Schritt heraustreten, einen Schritt ins Neue machen, ins Unbekannte. Zum Beispiel um eine neue Aufgabe zu bewältigen, ein neues Projekt, ein neuer Arbeitsplatz, ein Wohnsitzwechsel, ein Beziehungsende oder -anfang, ein Gespräch das schon lange hätte geführt werden müssen und immer wieder auf die „lange Bank" geschoben wurde. Etwas Neues, Unbekanntes, das uns möglicherweise Unbehagen bereitet. Eine Herausforderung, vergleichbar mit der Bewältigung eines Tales, dessen Talsohle wir nicht kennen, ein Terrain, das uns unbekannt ist, ein Vorhaben, das wir bisher immer erfolgreich vermieden haben und das uns nun veranlasst unsere Wohlfühlzone zu verlassen.
Doch immer, wenn wir auf die äußere Grenze unseres Wohlfühlbereiches zubewegen, werden wir langsamer, unsicherer, Zweifel machen sich breit, uns fallen plötzlich viele Unsicherheiten und Gefahren ein, was alles schief gehen könnte und wir finden Ausreden wie: das muss nicht unbedingt heute sein, ich habe mich zu wenig vorbereitet, ich fühl mich heute nicht so gut und wir kehren um, ohne diese Grenze zu überschreiten. Und bei jedem Umkehren wird diese Grenze

unüberwindbarer, die Mauern an dieser Grenze höher und stärker.
Ja, es braucht etwas Mut, um die Wohlfühlzone zu verlassen und Neuland zu betreten. Oft macht sich dabei Herzklopfen bemerkbar, die Hände werden feucht und die Stimme zittrig, aber es zahlt sich aus diese Herausforderung anzunehmen. Nur hinter dieser Grenze, in diesem Neuland ist Lernen möglich. Nur dort ist es möglich neue Erfahrungen zu machen und sich dadurch weiterzuentwickeln. Nur dort ist es möglich den Glauben in die eigene Selbstwirksamkeit, in das Selbstvertrauen und in die Überzeugung zu festigen, vieles aus eigenem schaffen zu können.
Jedesmal, wenn wir diese Grenze überschreiten erweitert sich unser Horizont und Blickwinkel, unsere Wahrnehmung wird weiter, tiefer und breiter, unser Lebensspielraum größer und auch unser Wohlfühlbereich vergrößert sich Schritt für Schritt. Es ist unbedingt erforderlich neue Erfahrungen zu machen, man bleibt physisch und psychisch gesund, das Leben ist aufregender, man ist erfolgreicher und man löst den Conviction Effect aus.
Schritt für Schritt, jeder entscheidet selbst, wie groß dieser Schritt ist, wie weit er sich hinauswagt ins Unbekannte, „challenge by choice“, wähle selbst deine Herausforderung, wähle selbst deine Schrittlänge. Es hat sich gezeigt, dass viele kleine Schritte oft viel wertvoller und zielführender sind als ein großer.

Raus aus der Wohlfühlzone und rein ins Neuland, Herausforderungen annehmen und für sich selbst meistern ohne den Anspruch auf Perfektion. Verabschieden sie sich von ihrer selbst auferlegten Perfektion. Perfektion ist eine Illusion. Wählen sie ihre Schrittlänge, mit der sie Neuland betreten, selbst, lassen sie sich dabei nicht hetzen. Es ist in Ordnung, wenn sie dabei umsichtig und langsam vorgehen. Mit jedem noch so kleinen Schritt wächst ihre persönliche Wohlfühlzone und mit jedem Schritt wachsen sie selbst.

Gesundheit

Egal welches Mittel sie einnehmen und wie sportlich sie sind: Den stärksten Einfluss auf ihre Gesundheit haben am Ende ihre innere Einstellung, ihre Überzeugungen und ihre alltäglichen Gedankenmuster.
(Christiane Northrup)

Der amerikanische Psychotherapeut Robert M. Williams bezieht sich in seinem Buch „Psych-K“ auf dieses Zitat und meint dazu: Unsere Gesundheit ist die Grundlage unseres Lebens. Wie das oben angeführte Zitat andeutet, können unsere Überzeugungen, Einstellungen und Gedankenmuster Gesundheit oder Krankheit erzeugen. Die westliche Wissenschaft fängt endlich an, diese Verbindung anzuerkennen und zu studieren. Völker wie die Chinesen, die Polynesier und die Ureinwohner Amerikas, setzen diese Verbindung zwischen Bewusstsein und Körper seit langem ein.
Bei Wissenschaftlern verstärkt sich immer mehr der Eindruck, dass es eine „krankheitsresistente“ und auch eine „selbstheilende“ Persönlichkeit gibt. Charakteristisch für selbstheilende Persönlichkeiten sind deren Begeisterungsfähigkeit, Wachheit, Aufgeschlossenheit, Neugier, ihr hoher Selbstwert und ihre Zufriedenheit. Solche Menschen sind eher in der Lage Ärger auszudrücken, Ängste aufzulösen, mit Verlusten umzugehen, sich selbst und anderen zu vergeben und die Welt mit hoffnungsvollem Blick zu betrachten und somit ein glückliches und zufriedenes Leben zu führen.

Dr. Joseph Murphy, umstrittener Autor und Positivdenker aus den 1960er und 1970er Jahren, meinte: „Wie sie im innersten Herzen denken, so sind sie. Die Gedanken, Meinungen und Überzeugungen, die sie ihrem Unterbewusstsein einpflanzen, werden in ihrem Körper, ihrem Berufsleben und in sämtlichen anderen Lebensbereichen sichtbar gemacht. Die Art, in der sie den ganzen Tag lang denken, kontrolliert weitgehend ihre Gesundheit. Wenn sie ihren Geist auf Gedanken der Unversehrtheit, Schönheit, Vollkommenheit und Vitalität lenken, wird sie bald ein Gefühl des Wohlbefindens erfüllen. Doch wenn sie sich Gedanken der Sorge, der Angst, des Hasses, der Eifersucht, Niedergeschlagenheit und Betrübtheit hingeben, werden sie an Leib und Seele erkranken und auch sonst wird es ihnen schlecht ergehen. Sie sind, was sie den ganzen Tag lang denken."
Dr. Murphys Aussagen waren zu seiner Zeit umstritten und wurden sehr kritisch betrachtet. Dennoch finde ich, dass sie im Licht der heutigen Wissenschaft betrachtet, sehr bedeutungsvoll sind. Glaubt man seinen Ausführungen, und ich sehe keinen Grund diese anzuzweifeln, hat er vielen Menschen mit seinen Methoden zu einem besseren, gesünderen und zufriedeneren Leben verholfen. Das findet meine große Anerkennung, für ihn als Vordenker und für seine Arbeit.

Unbewusste Überzeugungen im Hinblick auf ein selbstbestimmtes, gutes Leben unterstützen gesunde Charakterzüge und öffnen das Tor zu einem gesunden und glücklichen Leben.

Wir Menschen neigen, auch im Hinblick auf unsere eigene Gesundheit dazu, negative Entwicklungen eher für möglich zu halten als positive. Kein Mensch zweifelt daran, dass er auf relativ einfache Art und Weise seine Gesundheit negativ beeinträchtigen kann. Mittlerweile weiß jeder, dass Rauchen beispielsweise das Herzinfarktrisiko und das Krebsrisiko stark erhöht. Jeder Raucher beeinträchtigt seine Gesundheit und riskiert sein Leben. Ebenso jene, die übermäßig Alkohol oder andere Drogen konsumieren, sich ungesund ernähren, keinerlei Bewegung machen, zu wenig schlafen, sich keine Erholungspausen gönnen, sich ständig negativen Gedanken hingeben und vieles mehr. Das Vermögen des Menschen, die eigene Gesundheit oft ohne große Anstrengungen negativ zu beeinflussen, ist für die meisten von uns völlig unbestritten und findet sich so auch in unseren Einstellungen wieder. Genauso ist es allerdings auch umgekehrt. Das sollten wir uns immer vor Augen halten. Es ist möglich unsere Gesundheit aus eigenem positiv zu beeinflussen. Leider haben viele die Sichtweise, krank zu werden sei relativ leicht möglich, jedoch aus Eigenem zu gesunden sei schwierig bis unmöglich. Doch wir haben tatsächlich auch unsere Gesundheit selbst in der Hand! Diese eigene Handlungsmöglichkeit und -fähigkeit in Bezug auf ein gesundes Leben sollte endlich zu einer allgemeinen Sichtweise und zu einer Haltung werden.

Ein bekanntes Zitat des römischen Dichters Juvenal „Mens sana in corpore sano“ bedeutet „ein gesunder Geist in einem gesunden Körper“ und wurde zur damaligen Zeit, als es ausgesprochen wurde, nicht besonders ernst genommen.
Wir wissen, dass die Entwicklung einer körperlichen Fitness gesund ist. Wir wissen auch, dass Körper und Geist in der Gesundheitsförderung nicht getrennt betrachtet werden können, sondern vielmehr zusammenspielen und eine Einheit bilden. Demnach scheint der Spruch doch mehr Wahrheitsgehalt zu haben als ursprünglich gedacht.
Nehmen wir als Beispiel das Modell der „Salutogenese“ von

Aaron Antonovsky, einem amerikanisch-israelischen Medizinsoziologen, der uns in diesem Buch bereits einmal begegnet ist. Er hat dieses Modell als Gegenpol zu dem der „Pathogenese" geprägt. Zur Erklärung: Während sich pathogenetische Ansätze primär um die Entstehung von Erkrankungen und das Verständnis pathogener Prozesse bemühen, wendet sich die Salutogenese der Entstehung bzw. dem Erhalt der Gesundheit zu. Das bedeutet eine Abwendung von negativen hin zu positiven Betrachtungsweisen. Ein Abwenden von der Verhinderung krank machender Faktoren hin zu Förderung von gesund machenden Einflüssen und Umständen.
Dieses richtungsweisende Modell ist untrennbar mit dem bereits in diesem Buch unter dem Kapitel „Verstehbarkeit, Handhabbarkeit, Bedeutsamkeit" beschriebenen Kohärenzsinn verbunden. Im Übrigen sind alle Modelle, Erklärungen und Überlegungen, die in diesem Buch angeführt sind, miteinander verwoben und stellen ein komplexes Netz rund um die Wirkung des Conviction Effects dar.
Das salutogenetische Modell, also diese Lehre über die Förderung von gesundmachenden Faktoren, betrachtet auch, inwieweit ein Mensch mit Stressoren in seiner Umwelt umgehen kann und welcher Freiheitsgrad diesem Menschen in seinen Gedanken, Gefühlen und Handlungen zur Verfügung steht. Vereinfacht gesagt ist damit der selbstbestimmte Umgang des Menschen mit Stress und Gefühlen gemeint.

Gemäß Weltgesundheitsorganisation ist Gesundheit ein Zustand des vollständigen körperlichen, geistigen und sozialen Wohlergehens und nicht nur das Fehlen von Krankheit oder Gebrechen.

Mit dieser anerkannten Definition der WHO schließt sich der Kreis um den Zusammenhang von körperlicher und geistiger

Gesundheit und führt uns wieder zum Spruch von Juvenal „Mens sana in corpore sano“ (ein gesunder Geist in einem gesunden Körper) und bezieht auch das „soziale Wohlergehen“ mit ein.
Jedenfalls bedeutet Gesundheit in allen Lebensbezügen (körperlich, geistig, sozial) mehr als „nicht krank sein“.

Die bekannte Psychologin, Pädagogin und Juristin Dr. Rotraud A. Perner hat sich mit Gesundheit intensiv auseinandergesetzt und geht noch weiter und betrachtet das bedeutsame Zusammenspiel von Hand (körperliches Empfinden), Herz (emotionales Fühlen) und Hirn (kognitives Denken) als ganzheitliche Gesundheit.
Sie meint, Erklärungen zum Gesundheitsbegriff seien schön und gut, dennoch sei ein Zugang zu einem tiefen Verständnis für die eigene Gesundheit, für den Wert der eigenen Gesundheit und wie man dieses kostbare Gut erlangt, von elementarer Bedeutung und sollte in den Vordergrund gestellt werden.

Was bedeutet nun diese Gesundheit, die in aller Munde ist, der wir alle nachstreben, obwohl unser Verhalten, unsere Ernährungsgewohnheiten, unser Bewegungsmangel und vieles mehr etwas anderes vermuten lassen würde, für den Conviction Effect?
Wir wissen mittlerweile, dass im Sinne der Salutogenese der gute Umgang mit Stress und Gefühlen, im Wesentlichen mit unangenehmen Gefühlen, von immenser Bedeutung ist. Nun wurde meine Generation und viele Jahrgänge vor und nach mir durch ein Schulsystem geprägt, das Stress und Angst verbreitete, ohne einen guten Umgang damit zu vermitteln. Häufig wurde diese Angst und dieser Stress auch ins familiäre Umfeld weitergetragen und durch Unwissenheit und

falsch verstandenes Erfolgsstreben verstärkt. Dr. Rotraud Perner meint in ihrem Buch „Hand, Herz, Hirn“, dass viele Angstreaktionen von Erfahrungen aus der frühen Schulzeit stammen würden, die geprägt gewesen sei von einem Gehorsams-, Ruhe- und Geschwindigkeitstraining. Bei der auch noch Konkurrenz- und Versagensängste geschürt worden seien. Das „Hirn“ sei trainiert worden und das „Herz“ sei auf der Strecke geblieben und in weiten Teilen auch die „Hand“ infolge von Bewegungsmangel trotz 3 wöchentlichen Sportstunden, an die sich viele der damaligen Schüler oft nur mit Unbehagen zurückerinnern würden.
Das heißt, durch dieses Schulsystemversagen entstanden viele Defizite im Hinblick auf Stressbewältigung und dem guten Umgang mit Gefühlen. Das wiederum bedeutet, dass viele Menschen Bewältigungsstrategien im späteren Leben erst erlernen müssen.
Durch diese Notwendigkeit des Erlernens von Bewältigungsstrategien landen wir zwangsläufig wieder bei unseren neuronalen Netzwerken und auch wieder bei der Bedeutsamkeit von gut funktionierenden neuronalen Verschaltungen im Gehirn, der geistigen Fitness. Diese zeichnet sich aber nicht nur durch gute Mathematik-, Geografie-, Geschichtekenntnisse und anderes Schulwissen aus, sondern vielmehr auch durch emotionale und soziale Intelligenz. Wir brauchen ein ausreichendes Maß davon, je mehr desto besser, um gesund zu bleiben. Die emotionale und soziale Fitness ist eine unschätzbare Ressource, auf die wir immer zurückgreifen können. Sie ist ein wichtiger Schlüssel zu ganzheitlicher Gesundheit im Sinne von Dr. Perners Hand, Herz und Hirn und somit auch ein Werkzeug zur Entfaltung des Conviction Effects.
Speziell diese emotionale, geistige Gesundheit und die Über-

zeugung über unsere Gesundheit selbst bestimmen, sie positiv beeinflussen und somit unsere Gewohnheiten in diesem Sinne verändern zu können, gewährleisten eine Hinwendung zu guter und gesunder Ernährung, zu ausreichend Bewegung und Fitness, genügend Erholung und Schlaf und zu einem guten Umgang mit Emotionen und Stress.

Die Wirkung des Conviction Effects erlaubt uns, auch im Hinblick auf die eigene Gesundheit, eine positive Vorstellung unserer Zukunft zu erzeugen und eine Überzeugung und absolute Gewissheit, im Vertrauen auf unsere Fähigkeiten, zu entwickeln, die vorab unmöglich Geglaubtes möglich machen.

Seien sie aufgeschlossen gegenüber der unendlichen Kraft in ihrem Inneren, die sie aus Krankheit, Niedergeschlagenheit, Bedrückung und Enttäuschung herausführt und auf den Weg zu Gesundheit, Glück, Wohlergehen und Sicherheit bringen kann. Überall auf der Welt habe ich phantastische Verwandlungen miterlebt, wenn Menschen die ihnen innewohnende unendliche Kraft anriefen und freisetzten.
(Dr. Joseph Murphy)

Wir sind das Ziel, der Prozess und der Fortschritt

Durch das Zusammenspiel von Motivation und Überzeugung kann eine progressive Veränderung, also ein Fortschritt in allen Bereichen des Lebens, erreicht werden. James Clear, ein amerikanischer Autor und Speaker, der sich intensiv mit den Themen Gewohnheitsbildung, Entscheidungsfindung und Optimierung auseinandergesetzt hat, schreibt in seinem Buch „Die 1% Methode“ aus dem Jahr 2020, dass es auf dem

Weg zu einem bestimmten Ziel manchmal zu Stagnationen kommen kann. Man erwartet stetigen Fortschritt und ist enttäuscht, wenn die Anstrengungen in den ersten Wochen oder sogar Monaten nur wenig fruchten. Oftmals werden dann zweifelnde Fragen gestellt wie beispielsweise: „Ich laufe seit einem Monat regelmäßig, warum haben sich meine Rundenzeiten noch nicht verbessert?" oder „Ich ernähre mich bereits einige Wochen gesund, warum haben sich meine Blutwerte noch nicht verbessert?"
Stimmt, solche Fragen werden oft gestellt und häufig verlieren Menschen trotz der besten Vorsätze genau zu dem Zeitpunkt, in dem diese Fragen in ihren Köpfen Gestalt annehmen, den Mut und geben ihre bisherigen Bestrebungen auf. Solche Fälle gescheiterter Bemühungen vor der Erreichung von Zielen gibt es in Unmengen. Denken sie nur an die vielen Neujahrsvorsätze, die bereits nach Wochen und oft auch schon nach Tagen gebrochen werden. Der bekannteste dieser Vorsätze ist wahrscheinlich das Rauchen aufzugeben. Schade, aber die Personen mit solchen gebrochenen Vorsätzen konnten den Conviction Effect nicht auslösen und somit von dessen Wirkung nicht profitieren. Es ist dieser Effekt, diese Überzeugung, die zweifelnden Fragen die Kraft nimmt oder vielmehr erst gar nicht aufkommen lässt. Wenn der Conviction Effect seine Kraft in vollem Umfang entfaltet, ist es unmöglich, dass derartige Zweifel eine Bedeutung bekommen, weil wir durch den Effekt nicht in der Phase der Zielfindung (Verbesserung der Rundenzeiten oder Verbesserung der Blutwerte) und der Verhaltensänderung (mehr laufen, gesünder ernähren) steckenbleiben, sondern weil wir viel weiter - eine Ebene höher - sind. Wir sind zu einer Person geworden, für die diese Verhaltensänderung (laufen, gesund ernähren) normal ist, für die sie Alltag ist. Wir sind Läufer, wir sind Menschen die sich gesund ernähren. Wir machen

das nicht mehr bloß des Zieles wegen, nein, wir machen es, weil es zu unserer innersten Überzeugung, zu unserer Identität, zu unserer Persönlichkeit wurde. Es gehört zu unserem Leben dazu, es ist ein unverrückbarer Teil davon. Aus diesem Grund ist es unerheblich, ob wir das Ziel heute oder morgen erreichen, weshalb auch zweifelnde Fragen ihre Bedeutung verlieren. Das Verhalten, das zum Ziel führen soll, wurde zu einer Selbstverständlichkeit und das Ziel selbst zu einer Klarheit, zu einer sich selbsterfüllenden Prophezeiung, zur Realität. Das Ziel, das ursprünglich Orientierung geben sollte, gibt es in dieser Form nicht mehr. Es gibt nur mehr einen Prozess, der uns wahrscheinlich weit über unsere ursprünglich vorgenommenen Ziele hinausträgt.

Bei jeder Entwicklung gibt es Phasen der Stagnation, sogenannte Plateaubildungen, bis man wieder den „Point of Progress", den Punkt des Vorankommens, erreicht und es weiter bergauf geht. Das sind ganz normale Konsolidierungsphasen, die Körper und Geist benötigen, um sich an die neuen Verhältnisse anzupassen, um danach wieder richtig „Gas geben" zu können. Bei den San Antonio Spurs, einem der erfolgreichsten Basketballteams aller Zeiten, hängt ein Zitat des Sozialforschers Jacob Riis in der Umkleidekabine: „Wenn nichts mehr zu helfen scheint, schaue ich einem Steinmetz zu, der vielleicht hundert Mal auf seinen Stein einhämmert, ohne dass sich auch nur der geringste Spalt zeigt. Doch beim hundertundersten Schlag bricht der Stein entzwei und ich weiß, dass es nicht dieser eine Schlag war, der es vollbracht hat, sondern alle Schläge zusammen." Der Conviction Effect, die Überzeugung, dass der Stein brechen wird, gibt dem Steinmetz die Motivation und Kraft immer wieder seinen Hammer auf den Steinmeißel zu schlagen. Alles Große fängt klein an. Die Samen einer Entwicklung werden mit einem

einzigen Gedanken gesät, wie wir bereits im Kapitel „Wie Gedanken zu Schicksal werden“ erörtert haben.
Der Weg zum Erfolg ist somit ein Prozess, der phasenweise auch von Stagnation geprägt ist. Die Überzeugung befähigt uns in diesem Prozess zu bleiben und uns nicht entmutigen zu lassen unabhängig davon, was unsere Ziele sind und was wir uns vornehmen. Wir selbst, unsere Haltung und Einstellung, sind Teil dieses Prozesses, dieses positiven Fortschritts geworden, der uns weit über unsere Ziele hinaus tragen wird.

Individualität und Kollektivität

Individualität ist ein Begriff, der im Wesentlichen den Umstand bezeichnet, dass der einzelne Mensch für sich ein System darstellt und sich von anderen Menschen unterscheidet.

Kollektivität bezeichnet eine Gruppe von Individuen, die eine Gemeinschaft bilden und sich durch Kriterien, unter anderem durch gemeinschaftliches Verhalten definiert.

Grundsätzlich könnte man der Ansicht sein, der Conviction Effect kann nur individuell durch eigene Überzeugungen, Prägungen, Haltungen, Werte und den in diesem Buch bereits beschriebenen Faktoren in Erscheinung treten und sich entfalten. Reaktionen darauf seien somit auf das Individuum selbst beschränkt, was bedeuten würde, dieser Effekt sei ein individuelles Phänomen.

Nun, der Gedanke scheint bei schneller und oberflächlicher Betrachtung auch berechtigt. Es hat den Anschein, er könne nicht auf andere Personen übertragen werden, weil Überzeugungen etwas zutiefst Individuelles sind.

Allerdings darf nicht außer Acht gelassen werden, dass wir alle in Kollektiven leben - Familie, Gemeinde, Arbeitskollegium, Verein, Klassengemeinschaft und vieles mehr - weshalb die Transformation des Individuums innerhalb einer Gemeinschaft auch Einfluss nimmt auf das Kollektiv.

Kann der Flügelschlag eines Schmetterlings in Brasilien einen Tornado in Texas auslösen?
(Edward N. Lorenz)

Ein sehr anschauliches Beispiel für den Einfluss von individuellen Verhaltensweisen auf andere kann ein Blick auf unsere Kindheit bieten. Es ist bekannt, dass speziell die Jahre der Kindheit und Jugend für die weitere Zukunft einer Person sehr prägend sind. In den ersten Jahren des Lebens lernen Menschen das meiste. Dieses Lernen beschränkt sich nicht nur auf Motorik, Sprache und Wissen, sondern auch auf soziales Verhalten. An dieser Stelle kommt das von vielen Wissenschaftlern oft zitierte und mittlerweile gut erforschte System der Spiegelneuronen wieder ins Spiel. Die Erkenntnisse dieser Forschungen belegen, dass enge Bezugspersonen, mit denen Menschen viel oder intensiv zu tun haben - im Fall von Kindern werden das in den meisten Fällen Eltern, aber auch Geschwister, andere Verwandte, Lehrerinnen und Lehrer aber auch Freunde sein -, mit ihrem Verhalten, ihren Werten und Haltungen, in diesen Menschen eine sehr prägende und tiefe Erinnerung hinterlassen können, die diese verändert und die auch zu einem Teil dieser Menschen wird und deren Verhalten in der Zukunft beeinflussen kann.
Ein Beispiel dazu: Stellen sie sich vor, ein einjähriges Kind sitzt in der Mitte eines Raumes und spielt. Seine Mutter sitzt am Rand und sieht entspannt zu. Plötzlich kommt ein, dem Kind unbekannter Hund in den Raum und nähert sich ihm.

Das Erste, was das Kind tut, sobald es den Hund bemerkt, ist, den Blickkontakt zur Mutter aufzunehmen. Nicht die Situation selbst, sondern nur das Verhalten der Mutter entscheidet jetzt darüber, ob das Kind sich fürchtet, oder ob es neugierig nach dem Hund greift. Sieht das Kind im Gesicht der Mutter Angst, wird es diese sofort übernehmen und relativ schnell anfangen zu weinen. Sieht es aber eine lachende und entspannte Mutter, bedeutet das für das Kind, dass von dem Hund keine Gefahr ausgeht.
Jeder Elternteil kennt solche und ähnliche Situationen. Der harmlose Sturz eines Kindes kann mit bitterlichem Weinen enden, oder aber kaum zur Kenntnis genommen werden. Alles ist abhängig vom Verhalten der Bezugsperson. Durch diese Beispiele wird bewusst, wie wichtig und entscheidend das Verhalten von Bezugspersonen für die weitere Entwicklung von Kindern ist und wie leicht sich unangemessene Ängste und übertriebene Vorsicht entwickeln können, insbesondere, wenn deren Eltern ähnliche Verhaltensmuster aufweisen.

Wir alle bekommen ständig einen Spiegel vorgehalten. Gemeint ist damit, dass wir von anderen Personen gespiegelt bekommen, wie wir mit unserem Wesen, unseren Haltungen und unserem Verhalten von Bezugspersonen wahrgenommen werden und können daraus bewusst oder unbewusst unser Potential erkennen und dieser Erkenntnis gemäß handeln.
Wir Menschen verwerten also beides – sowohl das Verhalten, die Haltungen und Emotionen von unmittelbaren Bezugspersonen und Vorbildern, als auch die Spiegelung unseres eigenen Bildes, das uns vermittelt, wie wir von anderen wahrgenommen werden, gleich einem Feedback. Dadurch bilden wir Stück für Stück unsere Persönlichkeit, die im Laufe des

Lebens nicht zu hundert Prozent gleich bleibt, sondern einem ständigen Veränderungsprozess unterliegt.

In ein ähnliches Horn stößt auch der bekannte kanadische Forscher und Psychologe Albert Bandura mit seiner Theorie über das „Lernen am Modell“. Im Wesentlichen besagt diese Theorie, dass Menschen nicht nur anhand der Konsequenzen ihres Verhaltens lernen (handlungsorientiertes Lernen → ich mache etwas und es folgt eine Reaktion), sondern auch durch Beobachtung. Somit kann alles, das einen Menschen ausmacht, durch Wahrnehmung an andere weitergegeben werden, wodurch vollkommen neue Verhaltensweisen und Einstellungen erlernt werden. Beispiele dafür sind Sprache (verbal und nonverbal), handwerkliche und alltägliche Tätigkeiten, aber auch Rhetorik, Impulskontrolle, soziales Verhalten, Werte, Moralvorstellungen und vieles mehr.

Auch die konstruktivistische Lerntheorie kann an dieser Stelle angeführt werden. Die Grundaussage dabei ist, dass Wissen oder auch Verhaltensweisen nicht neutral von einer Person auf eine andere Person übertragen werden können, sondern an andere übertragenes Wissen oder Verhalten, von jedem Menschen neu konstruiert werden. Wenn z.B. eine Lehrperson einem Schüler etwas erklärt, speichert der Schüler die Informationen nicht einfach ab, sondern übernimmt sie und verbindet sie mit seinem bisherigen Vorwissen, seinen Einstellungen und Haltungen und konstruiert durch die Verknüpfung sein individuelles Wissen. Lernen ist kein passives Speichern, sondern ein aktives Konstruieren von Wissen. Durch jede Einflussnahme von außen wird somit die individuelle Wahrheit neu definiert, weshalb alles einen Einfluss auf die einzelnen Individuen hat und diese mit ihrer individuellen Wahrheit wiederum auf andere innerhalb des

Kollektivs einwirken.

Das bedeutet kurz gefasst, Wissen, Verhalten, Einstellungen eines jeden Menschen sind ein Konstrukt aller bisher aufgenommenen Inputs und verändern sich mit jedem neuen Input.

Bei gleicher Umgebung lebt doch jeder in einer anderen Welt. (Arthur Schopenhauer)

Jeder ist ein Individuum inmitten von Milliarden Individuen, auf einem Planeten inmitten von Milliarden Planeten. Das lässt uns als einzelnen Menschen klein und unwichtig erscheinen. Aber das wird sofort anders, wenn wir uns als Teil des Universums verstehen. Was, wenn alles miteinander verbunden ist?

Sie sind der Flügelschlag, der die Welt verändern kann

Wenn sie ihr Leben transformieren, werden sie zu einer Inspiration für andere um sie herum und lösen Reaktionen in ihrem Umfeld aus, die wiederum Einfluss auf deren Umfeld haben. Eine Kettenreaktion wird ausgelöst. Derartige Prozesse gibt es seit die Welt besteht. Ein Umstand oder eine Aktion bewirkt oder beeinflusst zukünftige Abläufe. Jede einzelne Transformation, wie klein sie auch ist, hat Folgen für das Kollektiv und für die Zukunft.
Interessant in dieser Sache ist ein Blick auf die Quantenphysik. Sie sieht uns Menschen, und nicht nur uns Menschen, sondern alles um uns herum - die Menschen, die Dinge, die Erde, die Atmosphäre, das Universum - als Energiefeld und als kollektive Einheit. Für uns als Menschen ist das zu einem

großen Teil nicht nachvollziehbar, erleben wir uns doch als unabhängige und selbständige Wesen.

„Der Mensch ist ein Teil des Ganzen, das wir Universum nennen, ein in Raum und Zeit begrenzter Teil. Er erfährt sich selbst, seine Gedanken und Gefühle als abgetrennt von allem anderen – eine Art optische Täuschung des Bewusstseins."
(Albert Einstein)

Ich möchte mich an dieser Stelle Interviews mit Dr. Ulrich Warnke, Biologe, Physiker, Pädagoge, Wissenschaftler und Autor mit den Titeln „Die Wissenschaft wird die Hierarchie des Geistes erkennen", „Quantenphilosophie und Interwelt" und „Wirklichkeit schaltet", widmen. Darin beschreibt Dr. Warnke seine Erkenntnisse und Forschungen in der Quantenphilosophie als Teil der Quantenphysik. Er meint sinngemäß: Alles was wir sehen, was wir Materie nennen, besteht aus Massen. Diese Massen haben ein Gewicht und unterliegen somit der Schwerkraft. Dieses Gewicht, diese Masse bezieht sich allerdings nur auf einen Atomkern, die Quarks, die den Atomkern bilden und auf die Elektronen. Alles, was wir sehen und begreifen, besteht aus Atomkernen und Elektronen. Zwischen diesen Atomkernen und Elektronen gibt es einen Raum, ein Vakuum, von unvorstellbarer Größe. Dieser Raum füllt demnach auch uns Menschen aus. Zu 99,999999999 Prozent unseres Volumens bestehen wir aus diesem masseleeren Raum, diesem Vakuum. Oder umgekehrt, zu 0,000000001 Prozent bestehen wir aus Masse. Da drängt sich die Frage auf: Wenn wir in derartig großem Ausmaß aus diesem sogenannten Vakuum bestehen, was steckt in diesem „Vakuum"?
Nun gibt es die Theorie, die mittlerweile von vielen Wissenschaftlern geteilt wird, dass dieser Raum voll ist mit Energie

und Information. Diese Energie und Information steht als eine Fülle von Möglichkeiten zur Verfügung und wartet darauf in die Realität geschaltet zu werden. Realität ist für uns alles Messbare. Im Wesentlichen sind das Kraft und Zeit.
Die Quantenphilosophie besagt nun, wenn wir aus dieser Fülle aller Möglichkeiten eine Möglichkeit herausfischen, dieser Möglichkeit Sinn und Bedeutung geben - das passiert automatisch, indem wir diese Möglichkeit in Erwägung ziehen - dann wird diese Möglichkeit zu Information und es entsteht vereinfacht gesagt ein Teilchen, das kann ein Photon oder ein Gluon (Botenteilchen) sein und es werden durch Informationsübertragung Kräfte übertragen und es entsteht Realität.
Oder etwas anders betrachtet: Uns Menschen, beziehungsweise der Natur insgesamt, steht diese unglaubliche Fülle an Möglichkeiten zur Verfügung. Ein Meer an Möglichkeiten und Alternativen, das seit Anbeginn des Universums immer vielseitiger und variantenreicher wurde. Sobald wir als Menschen den Sinn einer Möglichkeit erfassen, wird sie zu einem, wenn auch nur vagen, Gedanken. Wenn wir dieser gedanklich erfassten Möglichkeit auch Bedeutung geben, wird sie zu einem erstrebenswerten Vorhaben und wir können Energie aufwenden, um diesen Gedanken umzusetzen und dadurch entsteht Realität.

Dieser masseleere Raum in uns, gefüllt mit Energie und Information, diese Fülle an Möglichkeiten oder dieses Meer an Möglichkeiten, wie es Dr Warnke nennt, geht fließend über in den Raum um uns herum, dieser Raum geht über in die Atmosphäre unseres Planeten und dieser wiederum in das ganze Universum. Alles, wir und die ganze Welt, das ganze Universum ist auf diesem System aufgebaut. Alles, das ganze

Weltall, jede Pflanze, jedes Tier, jeder Mensch, jeder Gegenstand ist letztlich ein Quantensystem.
Wenn etwas aus dem Meer der Möglichkeiten in die Realität geschaltet wird, so wird das innerhalb dieses Systems im „Meer der Möglichkeiten“ registriert und abgespeichert und bleibt, so unglaublich es auch klingen mag, für immer erhalten, wie auf einer Speicherplatte mit einer unendlichen Kapazität. Und alles, was dort abgespeichert wird ist sofort, zum selben Zeitpunkt, überall im Universum abrufbar. Im „Vakuum“ gibt es keine Zeit. Alles ist immer gleichzeitig überall. Mit jedem Gedanken und jeder Handlung wird nicht nur unsere eigene individuelle „Festplatte“ beschrieben, sondern es wird auch im „Meer aller Möglichkeiten“ abgespeichert. Unsere Gedanken haben demnach eine Wirkung, die unendlich weit über unsere Person hinausgeht. Es gibt inzwischen sehr konkrete Hinweise, dass unsere Gefühle, die wir investieren, andere Menschen beeinflussen, die Natur beeinflussen und die Entwicklung Welt noch Generationen nach uns lenken wird. Eine zentrale Aussage der Quantenphysik lautet, dass alles mit allem in Verbindung steht.

Aufgrund dieser Erkenntnisse möchte ich darauf hinweisen, dass der Conviction Effect kein individuelles Phänomen darstellt, sondern vielmehr ein kollektives und gestaltendes. Die Haltung, mit Überzeugung viel erreichen zu können und die Voraussetzungen, die für das Erreichen dieser Überzeugung erforderlich sind, werden von Mensch zu Mensch weitergegeben und verändern permanent unsere Umwelt und somit auch unsere Realität. Der Conviction Effect ist somit ansteckend, wir erleben das leider Tag für Tag in negativer Art und Weise, durch irregeleitete Glaubenssätze, die sich trotz aller Widerlegungen in unseren Denkweisen manifestiert haben. Wir alle haben somit eine große Verantwortung, insbesondere deshalb, weil einem Missbrauch Tür und Tor geöffnet ist. Es ist hier Vorsicht geboten, um nicht in eine Falle zu tappen und einer Überzeugung zum Opfer zu fallen, die der Gier, dem Egoismus und der Menschenverachtung geschuldet ist und aus diesen niederen Motiven bewusst ausgelöst wurde. Beispiele aus der Vergangenheit und auch aus der Gegenwart gibt es leider zur Genüge.

Unsere Leben gehören nicht uns. Von der Wiege bis zur Bahre sind wir mit anderen verbunden, in Vergangenheit und Gegenwart. Und mit jedem Verbrechen und jedem Akt der Güte erschaffen wir unsere Zukunft.
(Film „Cloud Atlas")

Jeder bekommt den Himmel seiner Überzeugung

Der Tod sei die wohl aufschlussreichste Grenzerfahrung, die wir Menschen machen können, meinte bereits der griechische Philosoph Platon. Dann erst würden uns die Geheimnisse des Lebens offenbart werden.
Tatsächlich ist es so, dass das Sterben jener Lebensabschnitt ist, der vielen von uns am meisten Angst macht, uns zeitlebens stark beschäftigt und viele religiöse Thesen nährt. Der Tod ist somit die wahrscheinlich mächtigste und für manche auch die furchterregendste Grenzerfahrung, die es gibt.

Die Vorstellung des Todes schürt eine Angst, die selbst der Glaube an ein ewiges Leben nicht immer beschwichtigen kann. Dieses ewige Leben ist für viele nicht vorstellbar, aber es gibt viele Hinweise, die für ein Dasein nach dem Tod sprechen. Solche liefern beispielsweise auch die vielen dokumentierten Nahtoderlebnisse, deren nähere Betrachtung im Zusammenhang mit der Frage, was nach dem Tod passiert, bedeutsam erscheint. Jedenfalls wissen wir von jenen, die an einem Übergang vom Leben zum Tod standen, dass in den allermeisten Fällen äußerst starke Gefühle und ungewöhnliche Erlebnisse damit einhergingen. Die Tragik, die der Tod meist für Angehörigen bedeutete, und die Trauer, die er für sie nach sich zog, entsprach in vielen Fällen nicht den Erfahrungen, die Betroffene während ihres Nahtoderlebnis machten. Völlig losgelöst vom erdenschweren Dasein erlebte ihre Seele eine Art Heimkehr und die Loslösung von Materie.

Dr. Hubert Knoblauch veröffentlichte in einem Artikel aus dem Jahr 2004, mit dem Titel „Todesnäheerfahrungen – Zur kulturellen Prägung und anthropologischen Erklärung einer außergewöhnlichen Erfahrung“, eine repräsentative Studie, die in Deutschland durchgeführt wurde. Dabei wurde eine Stichprobe von 2000 und ein weiteres Mal eine Stichprobe mit 4000 Personen befragt. Die Ergebnisse der Befragungen beschreibt Knoblauch folgendermaßen:
„Die Erfahrungen (Anm.: mit Nahtoderlebnissen) sind herausragend und außergewöhnlich. Sie wurden von den Betroffenen als etwas erlebt, das deutlich aus dem Fluss ihrer Alltagserfahrungen herausstach. Sie standen nicht nur im Kontrast zum normalen Alltag, sondern hoben sich auch vom Traum ab. Herausragend waren die oft ungewöhnlichen Elemente sowie die Intensität der Erfahrungen, die selbst diejenigen Erfahrungen übertrafen, die gemeinhin als ekstatisch bezeichnet werden. Diese Außergewöhnlichkeiten zeichneten sich insbesondere durch eine ausgeprägt gute Erinnerlichkeit aus. Im Unterschied zu Träumen, aber auch zu den meisten Alltagserfahrungen, konnten sich die Betroffenen

noch nach Jahrzehnten diese Erfahrungen auf lebendige Weise ins Gedächtnis rufen, sie vielfach sogar regelrecht nacherleben. Sie zeichneten sich durchgängig durch eine enorme Wachheit und Bewusstheit aus. Die Aufmerksamkeit schien sehr stark zu sein. In den Erfahrungen wurde gedacht und überlegt gehandelt. In allen Fällen waren die Todesnäheerfahrungen mit starken Emotionen verbunden. Dabei musste es sich keineswegs immer um positive Gefühle handeln, wie oftmals vermutet wurde. Schreckliches wurde ebenso hochgradig emotional erfahren. Die betroffene Person erlebte sich selbst als noch weiterlebend (existierend), während sie von anderen für bereits tot – oder bewusstlos – gehalten wurde. Sie machte sogar noch relativ spezifische Wahrnehmungen, sah, hörte, fühlte – wenngleich möglicherweise transformiert. Es bestand eine Kontinuität ihres Ichs.“

Weiters hielt Knoblauch in diesem Artikel fest, dass aufgrund der Studie davon ausgegangen werden kann, dass etwa 3,3 Millionen!! Deutsche zum Zeitpunkt der Befragung derartige Nahtoderlebnisse gehabt hatten. Eine unglaublich hohe Zahl.

Auch zahlreiche andere Wissenschaftler haben sich mit der Frage - Gibt es ein Leben nach dem Tod? – auseinandergesetzt. Beispielsweise in Kants Vorlesungen zur Metaphysik findet sich die Aussage, die Geburt sei nicht der Anfang des seelischen Lebens, sondern nur der Anfang des Menschen. Was im Umkehrschluss bedeutet, der Tod ist lediglich das Ende des Menschen und nicht das Ende der Seele. Albert Einstein schlägt mit seiner Aussage, „jeder, der sich ernsthaft mit der Wissenschaft beschäftigt, gelangt zu der Überzeugung, dass sich in den Gesetzen des Universums ein Geist manifestiert, der dem des Menschen weit überlegen ist und angesichts dessen wir uns mit unseren beschränkten Kräften demütig fühlen müssen", in eine ähnliche Kerbe. Johannes Paul II. schrieb: „Es herrschen ganz besondere Bedingungen nach dem natürlichen Tod. Es handelt sich um eine Übergangsphase, in welcher der Körper sich auflöst und das Weiterleben eines spirituellen Elements beginnt. Dieses Element ist ausgestattet mit einem eigenen Bewusstsein und einem eigenen Willen, und zwar so, dass der Mensch existiert obwohl er keinen Körper besitzt."

Auch alle anderen großen Religionen gehen von einem Jenseits und somit von einem Leben nach dem Tod aus.

Nun möchte ich, ausgehend davon, dass es einen Zustand nach dem Tod gibt, ein darunter gelagertes Thema öffnen, auf das ich eigentlich hinaus möchte. Dr Ulrich Warnke meint, dass „die Interwelt, die wir im Sterben betreten, auch das Produkt unserer eigenen Schöpfung ist."

Je liebevoller unsere Gedanken im Alltag waren, desto liebevoller würden wir im Jenseits aufgenommen. Wir würden uns selbst in unseren Gedanken, Ängsten und Wünschen begegnen. Die innere Überzeugung der Sterbenden entscheide offenbar darüber, wie der Übergang in den Tod erlebt werde. Kenneth Ring und Evelyn Elsässer-Valerino kommen in ihrem Buch „Im Angesicht des Lichts", das 1999 erschien, zu der These, dass der Mensch sein Sterben genauso erlebt, wie er sich den Tod und die Zeit danach vorstellt.

Die Psychiaterin Elisabeth Kübler-Ross meint dazu: Jeder bekomme den Himmel, den er sich vorstellt.

All diese Aussagen bekommen, ausgehend von der These, dass wir alle in der Lage sind, durch unsere Überzeugung un-

ser Leben selbst zu gestalten, besondere Bedeutung. Sie liefern uns Hinweise darauf, dass unser tiefer Glaube und unsere Überzeugung weit über das irdische Leben hinaus auf unser Sein Einfluss haben. Unsere Einstellungen und Überzeugungen würden demzufolge auch unser Erleben nach dem irdischen Dasein formen.
Diese Vorstellung kann nun sehr beglückend und wünschenswert, aber auch furchterregend sein, je nachdem von welchen Überzeugungen wir uns in der Vergangenheit leiten ließen und welche Haltungen und Werte wir unserer Überzeugung gemäß verfolgten. Dies würde auch erklären, dass Menschen, die ihr Leben in einer gütlichen und zufriedenen Weise gelebt haben, auch am Sterbebett eher den Eindruck machen für den Tod bereit zu sein.

Bei diesem Thema kann die Bedeutung des Conviction Effects im vollen Ausmaß und in seiner Mächtigkeit erkannt werden. Mir war beim Schreiben dieses Buches sehr wichtig auch diesem Thema Raum zu geben, obgleich mir bewusst ist, dass eine Auseinandersetzung mit einem Leben nach dem Tod mehrere Bibliotheken füllen könnte. Vielleicht gelingt es mir mich diesem Thema in einem weiteren Buch genauer zu widmen.

Zusammenfassung zum Abschnitt „Erklärungen und Thesen zum Conviction Effect"

Im Abschnitt „Erklärungen zur Entstehung des Conviction Effects" habe ich versucht darzustellen, dass unsere Überzeugungen entscheidend sind für die Auslösung des Conviction Effects und maßgeblich sind für die Gestaltung unserer Welt

in der Zukunft. Je mehr wir von einer konkreten Sache überzeugt sind und je mehr diese Sache für uns auch ausreichend Sinn und Bedeutung hat, desto eher wird sie zu unserer Wahrheit. Es ist ein Prozess, bei dem eine Dynamik entsteht, aus der heraus wir ständig Bestätigungen für diese Wahrheit finden und demgemäß unsere Motivation steigern und unser Verhalten in die entsprechende Richtung entwickeln.
Ebenso ist es mit Wünschen. Je mehr wir überzeugt sind einen Wunsch wahr werden lassen zu können und je bedeutender die Wunschverwirklichung für uns ist, desto eher tritt der Conviction Effect ein. Ein Effekt, der uns in ausdauernder und kraftvoller Art und Weise, bemerkenswerte Herangehensweisen entwickeln und Aktionen setzen lässt, um das gesteckte Ziel zu erreichen. Unsere Einstellungen, unsere Motivation ändern sich durch diesen Effekt und werden sehr zielorientiert und unsere Kommunikation und Problembewältigungsstrategien werden konstruktiver. Wir werden ausdauernder, konsequenter und können auch anders mit Rückschlägen umgehen. Wir bauen wertvolle Beziehungen auf und bewegen uns auf einem „Parkett", das wir ohne diesen Effekt vielleicht nie betreten hätten. Diesen Auslöser und permanenten Begleiter dieser Entwicklungen bezeichne ich als den Conviction Effect. Dieser Effekt wird, obwohl er bisher noch relativ unbekannt ist, mittlerweile von vielen erfolgreichen Menschen bewusst oder auch unbewusst genutzt. Das erklärt so manche unglaubliche Leistung im Sport, in der Wirtschaft, bei der Bewältigung von Krankheiten und bei vielem mehr.

Leider gibt es auch viele negative Beispiele für den Conviction Effect. Solche Beispiele sind für uns meist sehr anschaulich und nachvollziehbar, weshalb sie oft als Erklärungsmodelle herhalten müssen. Es liegt an der Art und Weise wie wir denken. Der Pessimismus hat oft die Oberhand. Zum einen Teil dient er als Schutz vor Gefahren, auf die man mit einer pessimistischen Herangehensweise scheinbar besser vorbereitet ist als mit einer optimistischen und zum anderen Teil auch als Schutz vor Enttäuschungen. Traurigerweise sind wir so geprägt, weshalb Erklärungen anhand von negativen Beispielen fast immer leicht nachvollzogen werden können, da viele von uns solche negativen Erfahrung gemacht haben und meist auch sofort wissen, was gemeint ist. Scheinbar lassen sich negative Überzeugungen stärker und tiefer verankern als positive. Somit wird der Eintritt von negativen Ereignissen oft wahrscheinlicher erachtet als der Eintritt von positiven.

Solche negativen Beispiele zeigen allerdings auch, wie wirksam Überzeugungen sein können und welche Kraft sie haben:

Sind sie ein Mensch, der glaubt keine handwerklichen Fähigkeiten zu besitzen? Wenn sie diese Frage mit „Ja" beantworten, haben sie große Chancen bei beinahe jeder handwerklichen Aufgabe zu scheitern beziehungsweise eine solche Herausforderung erst gar nicht anzunehmen. Wenn sie daran glauben das Pech gepachtet zu haben, so werden sie durch diese Voreingenommenheit das Pech geradezu anziehen und in allem nur das Negative und das eigene Unglück sehen. Ein weiteres Beispiel, das leider immer wieder vorkommt, ist das des „selbstauferlegten Scheiterns bei der Partnersuche". Ich selbst kenne mehrere derartige Fälle. Es gibt Menschen, die trauen es sich einfach nicht zu einen Partner fürs Leben zu finden. Anfangs ist es nur ein vages und diffuses Gefühl des eigenen Unvermögens oder der Schüchternheit. Manchmal spielt die Überzeugung mit, dass man nicht ausreichend attraktiv, kommunikativ, intelligent oder was auch immer ist. Im Laufe der Zeit wird dieser Glaube immer mehr und mehr

zur Überzeugung und zur selbstkonstruierten Wahrheit. Man befindet sich in einer negativen Schleife aus der ein Entrinnen nur schwer möglich ist. In ursächlichem Zusammenhang zu dieser Entwicklung stehen auch permanent negative Spiegelungen aus dem Umfeld und negative Konditionierungen aus der Kindheit. Irgendwann ist man auf das Scheitern in der Partnersuche programmiert, beziehungsweise ist ein Scheitern gar nicht mehr möglich, weil jede Aktion, jegliches Anzeichen, das in die Richtung Partnerfindung deutet, im Keim erstickt wird, aus Angst vor dem selbstprognostizierten Scheitern.
Bei diesen negativen Überzeugungen setzt der Conviction Effect all die anfangs als Beispiele angeführten positiven Eigenschaften außer Kraft und ersetzt sie durch negative wie Angst, Frustration, Antriebslosigkeit, Interessenlosigkeit, Engstirnigkeit, Starrheit, mangelndes Selbstvertrauen und vieles mehr.

Zum Glück funktioniert der Conviction Effect auch auf positive Art und Weise in derselben Intensität. Und darauf wird in diesem Buch auch der Fokus gelegt. Wenn wir überzeugt sind ein Ziel zu erreichen, so wird uns das auch mit einer hohen Wahrscheinlichkeit gelingen. Diese Überzeugung, steuert unsere Empfindungen und unser Verhalten. Die eigene Überzeugung ist verantwortlich dafür, ob wir ein Ziel erreichen, ob wir erfolgreich oder erfolglos sind.
Wie sich dieser Conviction Effect erklärt und wie er entstehen kann, wurde ausführlich anhand von verschiedenen Themen und Blickwinkeln erklärt, wodurch hoffentlich ein klares Bild – soweit Klarheit im Zusammenhang mit diesem gewaltigen Thema möglich ist - über die Entstehung und das Wesen von Überzeugungen und die daraus resultierenden

Effekte entstanden ist. Bei meinen Recherchen zu diesen Erklärungen musste ich mich ganz bewusst stoppen, denn dieses Feld ist unglaublich groß, interessant und vor allem faszinierend.
Von einem Feld zu sprechen ist möglicherweise nicht ganz richtig. Vielmehr sind es viele Beete auf den unterschiedlichen Feldern der Wissenschaft, die auf den ersten Blick nicht zusammenhängend erscheinen und doch in vielen Bereichen ein komplexes Netzwerk bilden. In diesem Sinne hoffe ich, dass ich den Leserinnen und Lesern mit meiner Auswahl an Erklärungsmodellen einen ausreichenden Einblick in das Phänomen geben konnte und möchte mich im nächsten Abschnitt dem Thema praktisch annähern.

3 Phasen zur Auslösung des Conviction Effects

Ich möchte ihnen in den nächsten Kapiteln Möglichkeiten aufzeigen und Vorgangsweisen darstellen, mit denen sie den Conviction Effect auslösen und somit einen Erfolgsprozess einleiten können. Oder anders gesagt, ich möchte ihnen veranschaulichen, mit welchen Methoden sie diesen Effekt, also die Auslösung eines Prozesses, entstehen lassen können, der gekennzeichnet ist durch eine tiefe Überzeugung ein Ziel erreichen und somit eine positive Veränderung einer Situation herbeiführen zu können. Sie werden sehen es klappt, wenn sie sich darauf einlassen.

Inspiriert wurde ich bei diesem praktischen Teil meines Buches von vielen Wissenschaftlern, Psychologen, Psychotherapeuten, Pädagogen, Lebens- und Gesundheitsberatern. Zwei möchte ich an dieser Stelle besonders hervorheben. Das ist zum einen die deutsche Psychologin Gabriele Öttingen. Aus ihren Büchern und speziell aus den von ihr in den letzten 20 Jahren durchgeführten Studien konnte ich sehr viel für dieses Buch ableiten. Zum anderen der Psychotherapeut Robert M. Willams, dessen Publikationen unter anderem dazu beigetragen haben diesen praktischen Teil fundiert und verständlich darzustellen.

Phase 1 - Erkennen sie die eigene Situation

Sich selbst zu kennen ist nicht einfach.
Doch es ist die Basis für ein gut funktionierendes Gehirn.
(Peter C. Whybrow)

Unabhängig davon, in welcher Lebenssituation sie sich befinden, wie erträglich oder unerträglich sie ist, ob sie glauben diese Situation sei selbstverschuldet oder sie seien von anderen in diese Lage gebracht worden, ist es von großer Bedeutung diese Situation zu erkennen und, soweit das möglich ist, objektiv einzuschätzen. Leider ist es häufig der Fall, dass Personen die Schuld an einer misslichen Lage ihrem Umfeld und den Umständen zuschreiben. Dies ist in manchen Fällen verständlich. Es kann auch stimmen, dass widrige Umstände, die sie selbst nicht beeinflussen konnten, zu ihrer misslichen Lage geführt haben. Oder, dass ihr Umfeld einen Beitrag zu dieser Lage geleistet hat.
Häufig werden als solche Umstände die schwierige Kindheit, der problematische Freundeskreis, eine schwere Krankheit und vieles mehr genannt. Aber mal ehrlich, bringt uns das weiter? Niemand kann die Kindheit rückgängig machen, die damaligen Freunde ändern oder das Rad der Zeit zurückdrehen. Das Grübeln darüber, was alles schief gelaufen ist, welche problematischen Umstände in der Vergangenheit eingetreten sind, wer Schuld an der Misere hatte raubt ihnen viel Energie und führt zu keiner Lösung. Die Einleitung einer Veränderung kann ohnehin nur von der jeweiligen Person selbst gestartet werden. Natürlich ist die Reflexion der Vergangenheit wichtig. Die eigene Situation sollte erkannt werden. Doch bitte bleiben sie dabei ganz bei sich. Wie haben sie sich in verschiedenen Situationen verhalten, welche Entscheidungen haben sie getroffen oder nicht getroffen.

Ich möchte wieder den Vergleich mit einem tiefen, dunklen Tal herstellen. Wenn sie sich gerade in einem solchen tiefen Tal befinden, gilt es das Tal zu erkunden, Möglichkeiten zu erkennen und richtig einzuschätzen und den besten Weg aus diesem Tal hinauf ins Licht zu finden. Das klappt am besten, wenn sie dieses Tal mit allen Schluchten und Gräben gut erkunden.
Nun gut, dieses Beispiel scheint plausibel und tatsächlich ist es auch einfach in verschiedenen Lebenssituationen. Erkennen sie die Situation und die Lage, in der sie stecken und betrachten sie sie ganz nüchtern. Beschreiben sie diese für sich selbst: „Ich bin Alkoholiker", „ich bin drogenabhängig", „ich bin arbeitslos", „ich bin stark verschuldet", „ich bin depressiv und habe keine Lebensfreude", „ich bin geschieden und komme damit nicht klar", „ich habe starkes Übergewicht und kann mich kaum noch bewegen" usw. Diese Erkenntnis ist wichtig und der erste Schritt zur Veränderung. Gestehen Sie sich ihre Situation ein, belügen sie sich nicht selbst und suchen Sie nicht die Schuld bei anderen. Sie sind für Ihr Leben verantwortlich, nur sie allein.

Die Beschreibung Ihrer Situation muss für Sie klar und stimmig sein. Sie müssen von der Lage, in der sie sich befinden, überzeugt sein. Zum Beispiel reicht es nicht zu sagen oder zu denken, ich bin Alkoholiker und tief in ihrem Herzen glauben sie, nach wie vor gut mit Alkohol umgehen zu können und die Substanz im Griff zu haben. Sie müssen ehrlich zu sich sein. Sie müssen mit ihrem Herz und ihrem Verstand die Lage, in der sie sich befinden erkennen und von dieser Erkenntnis überzeugt sein. Keine Ausreden, keine Übertreibungen und keine Beschönigungen.

Phase 2 – Lösen sie den Conviction Effect aus

Schritt 1 zur Auslösung des Conviction Effects

Wenn sie ihre eigene Situation erkannt haben und Verantwortung dafür übernehmen, ist die Basis für Phase 2 gelegt. Nun gilt es herauszufinden was sie wollen und was gut für sie ist. Häufig wird die eigene Situation zwar erkannt und auch die damit verbundene Unzufriedenheit. Welche Schritte man aus dieser Erkenntnis ableiten, welche Veränderung man einleiten und in welche Richtung man sich bewegen soll, weiß man jedoch nicht.

Um hier eine Lösung zu finden und um für sich selbst eine Marschrichtung vorzugeben, wäre es von Bedeutung eine Vorstellung von der eigenen Zukunft zu haben. Wie sie aussehen soll. Oder besser gesagt, wie sie sich anfühlen soll, sodass sie eine Verbesserung der bereits erkannten und unerwünschten gegenwärtigen Situation mit sich bringt. Gemeinhin planen Menschen in solchen Situationen ihre Zukunft auf rationale Art und Weise. Sie machen lange Listen, überlegen sich, was sie erreichen wollen, sammeln Argumente für Pro und Kontra. Natürlich sind das alles probate Mittel die eigene Zukunft für sich zu entdecken.

Eine andere Möglichkeit wäre das Phantasieren über die Zukunft. Das mag ihnen nun etwas eigenartig erscheinen, aber dieses Phantasieren hat einiges für sich. Wenn wir Bilder im Kopf „frei fliegen“ lassen, entspannen wir uns und finden zu einem umfassenden, intuitiven Verständnis dessen, was wir eigentlich wollen, was für uns und unser weiteres Denken und Handeln von Bedeutung und Wichtigkeit ist. Uns wird nicht nur bewusst, was vernünftig ist, sondern auch, was sich richtig anfühlt. Lassen sie sich durch ihre Phantasie in ihre Zukunft entführen und wer weiß, was sie dort entdecken werden.

Wenn sie in Ihrer Phantasie Bilder über ihre Zukunft entstehen lassen, dann machen sie sich Notizen zu diesen Bildern (führen sie ein Tagebuch) oder sprechen sie ihre Gedanken und Phantasien in ein Aufnahmegerät, sodass sie ihnen erhalten bleiben. So gerät nichts in Vergessenheit und sie können jederzeit ihre Vorstellungen wieder aufrufen und ihre Gedanken weiterverfolgen. Diese Zukunftsfindung wird wahrscheinlich nicht beim ersten Mal völlig umfassend und zu ihrer vollen Zufriedenheit klappen. Es wird vielmehr ein Prozess sein, bei dem es vorkommen kann, dass sie Vorstellungen und Gedanken wieder verwerfen, neue Gedanken und Bilder auftauchen oder sie bereits entstandene weiterverfolgen werden. Es kann auch sein, dass am Ende dieses Prozesses ihre innigsten Wünsche, die Zukunft betreffend, ganz anders aussehen, als sie das ursprünglich dachten, und dass sie viel aufregender sind, als sie es jemals vermutet hätten.

Beide Methoden, die des rationalen Erstellens von Listen mit Pro und Kontra Argumenten und auch jene Variante ihrer Phantasie freien Lauf zu lassen, können zum Erfolg führen. Sie selbst werden die für sie beste Art und Weise, zum Ziel zu kommen finden und möglicherweise wird es eine Mischung aus beiden Methoden sein.

Schritt 2 zur Auslösung des Conviction Effects

Nun versuchen sie Ihre Wunschvorstellung der Zukunft zu konkretisieren. Je konkreter die Wunschvorstellung, desto höher die Wahrscheinlichkeit diesen Wunsch zu verwirklichen.

Ein paar Beispiele:

„Ich will 10 Kilogramm Körperfett verlieren“ ist besser als „ich will besser aussehen“.

„Ich möchte einen Partner fürs Leben finden“ ist besser als

„ich möchte mehr soziale Kontakte".
„Ich möchte viermal wöchentlich Laufen" ist besser als „ich möchte sportlicher werden".
„Ich möchte meinen Bluthochdruck auf ein gesundes Maß senken" ist besser als „ich möchte gesünder werden".

Sie verstehen sicherlich was ich meine. Wir müssen sehr klar sein in unserer Wunschvorstellung, um unserem Unterbewusstsein die Richtung vorzugeben, um den Conviction Effect zielgerichtet auszulösen und somit den Beginn des Erfolgsprozesses. Am besten wäre es, die Wunschvorstellung von ihrer Zukunft in einem Satz zu proklamieren und dazu ein klares Bild, eine Vorstellung von dieser Zukunft, zu haben. Sollte ihnen das jetzt noch nicht ganz gelingen, so werden die Anleitungen von Phase 3 hilfreich sein.

Schritt 3 zur Auslösung des Conviction Effects

Geben sie ihren Wunschvorstellungen von der Zukunft Sinn und Bedeutung. Damit meine ich, die Wunschvorstellung Ihrer Zukunft muss mit ihren Bedürfnissen im Einklang stehen. Das Erreichen der gewünschten Zukunft, sollte für sie persönlich sinnvoll sein. Dadurch, dass der Wunsch ihre Bedürfnisse nicht nur berücksichtigt, sondern ihnen in hohem Maß entspricht, bekommt er zwangsläufig diesen Sinn und auch die erforderliche Bedeutung.

An dieser Stelle möchte ich ausdrücklich davor warnen, diesen Sinn und diese Bedeutung allein auf materielle Dinge zu beschränken. Viele Menschen wünschen sich Reichtum, ein luxuriöses Haus oder einen tollen Sportwagen. Diese Dinge sind jedoch keine wahren und ehrlichen Bedürfnisse. Anders ist das bei finanziellen Wünschen, die aus einer echten Not-

lage heraus entspringen. Eine Notlage, in der die Gefahr besteht, dass die notwendigen Grundbedürfnisse nicht mehr befriedigt werden können. Wenn das jedoch nicht vorliegt, fehlen materiellen Wünschen echter Sinn und die ernstzunehmende Bedeutung. Sie haben wenig Kraft und sind deshalb nur mäßig geeignet, in einem Prozess, der dem Conviction Effect zuträglich ist, eine Rolle zu spielen. So einfach können sie ihr Unterbewusstsein nicht austricksen. Beachten sie bei ihren Zukunftsvisionen vielmehr ideelle Werte und Zustände wie beispielsweise Gesundheit, Heilung, Anerkennung, Mut, Zufriedenheit, gute Beziehungen, erfüllende Beschäftigungen, ausgefüllte und vielseitige Freizeit, wertschätzende und glückliche Partnerschaft, Geborgenheit, Liebe und Zärtlichkeit. Grundsätzlich sind das Werte, die im Leben eines jeden Menschen erstrebenswert sind und somit auch Bedeutung haben.
Wenn wir den Wunsch haben in unserem Beruf viel Geld zu verdienen, diesen Beruf jedoch als unsinnig und bedeutungslos erachten, wird dieser Wunsch kaum in Erfüllung gehen. Wollen sie jedoch in einem Beruf erfolgreich sein, um Menschen zu helfen und zu unterstützen und können sie dabei die Situation, in der sich diese Menschen befinden verstehen, so erhöhen sie die Chancen auf Erfolg erheblich. Wenn sie dann noch überzeugt davon sind, dass sie mit ihrer Unterstützung etwas bewirken können und sie die Bedeutung ihres Wirkens hoch einschätzen, dann wird ihrem Erfolg nicht mehr viel im Wege stehen.

Schritt 4 zur Auslösung des Conviction Effects

Finden sie Gründe, die die Verwirklichung ihrer Wunschvorstellung wahrscheinlich machen. Gründe, weshalb sie vom Eintritt eines Erfolges gemäß ihres Wunsches auch wirklich

überzeugt sein können. Dieser Schritt ist ein wirklich entscheidender in der Ausbildung des Conviction Effects. Solche Gründe stecken häufig in ihren persönlichen Eigenschaften und Fähigkeiten. Diese Fähigkeiten zu identifizieren ist oft leichter gesagt als getan.
Leider liegt der Fokus bei vielen Menschen auf ihren Defiziten und weniger auf ihren Fähigkeiten. Ich habe in meinen Workshops und Seminaren häufig erlebt, dass den Teilnehmern auf die Frage nach ihren Schwächen unglaublich viel einfiel. Es sprudelte geradezu heraus aus ihnen. Bei den Stärken sah das dann leider ganz anders aus und nicht selten fiel ihnen ohne Unterstützung nicht eine positive Eigenschaft ein.
Das hat viel mit den Erfahrungen aus der Kindheit und Jugend zu tun. Die Schule ist oft sehr defizitorientiert. Bei Tests und Schularbeiten wird das Fehlerhafte gezählt und nicht das Gelungene. Je weniger Fehler, desto besser die Note, je mehr Fehler, desto schlechter. Alles dreht sich um die Fehler. Umgekehrt erlebt man es kaum oder nie: Je gelungener, desto besser die Beurteilung. Fehler werden bestraft und Erfolge nicht ausreichend anerkannt. Das Schulsystem ist meiner Meinung nach bis heute diesbezüglich komplett falsch ausgerichtet.
Ebenso ist es außerhalb der Schule und später im Arbeitsleben. Fehler werden meist sofort geahndet. Gelungenes wird vorausgesetzt und auf Lob und Anerkennung wartet man oft vergeblich.

In uns allen steckt eine unglaubliche Fülle an Fähigkeiten und positiven Eigenschaften, auf die wir in diesem Schritt unser besonderes Augenmerk legen sollten. Sie sind die Gründe, die es uns ermöglichen unseren Wunsch wahr wer-

den zu lassen. Einige dieser Fähigkeiten möchte ich zur Orientierung an dieser Stelle erwähnen:
Mut, Einfühlungsvermögen, Beständigkeit, Motivation, Ausdauer, Konsequenz, Kraft, Kritisches Denken, Konfliktfähigkeit, Willensstärke, Beziehungsfähigkeit, Teamgeist, Kreativität, Schnelligkeit, Strategisches Denken, Organisationsfähigkeit, Vorstellungsvermögen, Kommunikationsfähigkeit, Intelligenz, Bildung, Fachwissen uvm.

Sehr bedeutungsvoll kann in diesem Zusammenhang auch der Umstand sein, dass sie einen ähnlichen Wunsch in der Vergangenheit bereits verwirklichen konnten. Der damalige Wunsch muss dabei nicht zu hundert Prozent identisch sein mit dem derzeitigen, aber zumindest ähnlich. Allein die Erinnerung daran kann eine starke Motivation sein und den Conviction Effect auslösen.

Unterstützung bei der Wunschverwirklichung kann auch aus dem Umfeld kommen: der Bruder, die Schwester, der Freund, die Freundin, unterstützende Arbeitskollegen, Familie, das berufliche Netzwerk. Genauso können verschiedene Umstände eine Rolle spielen, wie beispielsweise Zeit, die räumlichen Gegebenheiten, der Arbeitsplatz, Hobbys, Natur, Spiritualität, finanzielle Unterstützung uvm. Aber hüten sie sich davor einen Erfolg oder auch ein Scheitern allein diesem Umfeld oder gewissen Umständen zuzuschreiben. Glauben sie mir, die entscheidenden Instrumente, um ihre Wünsche wahr werden zu lassen, haben sie selbst in der Hand.

Schritt 5 zur Auslösung des Conviction Effects

Sie haben Schritt 1 bis 4 geschafft. Ich gratuliere! Mit Schritt 1 haben sie ihr Unterbewusstes aktiviert. Mit Schritt 2 haben sie den persönlichen Wert ihres Wunsches überprüft. Falls

dieser ihrer Überprüfung nicht standgehalten hat, haben sie einen neuen Wunsch mit mehr Wertigkeit gefunden.
Mit den Schritten 3 und 4 haben sie eine Brücke in die Realität gebaut, indem sie ihre tatsächlichen Bedürfnisse mit ihrem Wunsch in Verbindung gebracht und Gründe definiert haben (z.B. persönliche Fähigkeiten), weshalb ihnen die Erfüllung ihrer Wünsche gelingen wird.
Das heißt, sie haben aus Phantasien, Wünschen und Sehnsüchten Ziele und Erwartungen gemacht, die real erklärbar sind und deren Erreichbarkeit begründet ist, weshalb sie zurecht überzeugt sein können diese Ziele zu erreichen.
Aus ihrem Wunsch ist somit ein absolut reales und erreichbares Ziel geworden, das nicht mehr nur in ihren Träumen existiert, sondern über eine Brücke den Weg in ihre Realität gefunden hat. Sie haben den Conviction Effect ausgelöst und einen Prozess gestartet, der sie an ihr Ziel bringen wird.

Anhand des Beispiels von Maria möchte ich die Schritte 1 bis 5 nochmals veranschaulichen und auf den Punkt bringen:

Maria, Abteilungsleiterin in einem großen und bekannten Unternehmen in München, hat einen guten Job. Allerdings sieht es sonst in ihrem Leben nicht sehr rosig aus. Sie plagen seit längerer Zeit Unzufriedenheit, Unsicherheit, Motivationsmangel und Einsamkeit. Diese Tatsache ist ihr bei therapeutischen Sitzungen mit einer Psychologin, von denen ihre Hausärztin sie nach langem zureden überzeugen konnte, bewusst geworden. Bei einer dieser Sitzungen hat sie auch ihr starkes Übergewicht thematisiert und darüber gesprochen, wie sehr sie das belastet. Es hat den Anschein, als wäre dieses Übergewicht der Ursprung allen Übels.
Maria hat sich nun fest vorgenommen abzunehmen. Sie will sich dabei den Conviction Effect zunutze machen. Sie hat Ihr Ziel

klar vor Augen, eine Vision von der Zukunft, in der sie 40 Kilogramm weniger auf die Waage bringt. Sie möchte sich in ihrer Haut wieder wohl fühlen, ohne Hemmungen einkaufen, ins Schwimmbad und zur Arbeit gehen, sich mit Freundinnen treffen, Spaß haben und einen Lebensgefährten finden. Maria ist jetzt, wo sie endlich weiß was sie will und den Entschluss gefasst hat es anzugehen, überzeugt ihr Ziel zu erreichen. Ihr sind die Entbehrungen bewusst, die auf sie zukommen werden, aber sie weiß, dass sie ausdauernd und zielstrebig ist und sie weiß, dass sie hart im Nehmen ist. Das hat sie schon mehrfach unter Beweis gestellt. In ihrem Job ist sie schon oft mit schwierigen Herausforderungen klar gekommen.

Wie man am Beispiel von Maria erkennen kann treffen die oben angeführten Voraussetzungen, die für den Conviction Effect erforderlich sind, zu. Maria hat ihren konkreten Wunsch abzunehmen mit ihren Bedürfnissen sich wieder wohl zu fühlen in ihrer Haut, soziale Kontakte zu knüpfen und Dinge zu tun, die ihr Spaß machen, in Einklang gebracht und sie hat Gründe gefunden (Ausdauer, Zielstrebigkeit, hart im Nehmen und Erfahrungen damit, was das bedeutet) die die Realisierung ihrer Vorstellung von der Zukunft auch wahrscheinlich werden lassen. Ihr Wunsch ist zu einem erreichbaren Ziel geworden.

Zusammenfassung

1. Finden sie heraus was sie wirklich wollen (Wunschvorstellung der Zukunft).
2. Konkretisieren sie ihre Wunschvorstellung von der Zukunft.
3. Bringen sie ihre Wunschvorstellung mit ihren Bedürfnissen in Verbindung.

4. Finden sie Gründe, die dafür sprechen, dass ihr „Wollen“ (ihre Vorstellung von der Zukunft) nicht nur ein leerer Wunsch bleibt, sondern Realität wird.
5. Ihr Wunsch wurde zu ihrem realisierbaren Ziel. Sie sind überzeugt das Ziel erreichen zu können.

Phase 3 – Bestätigen sie den Conviction Effect

Sie haben in Phase 2 einen konkreten Wunsch für die Zukunft gefasst und ihn zu ihrem Ziel werden lassen und sind zu der Überzeugung gelangt, dass dieses Ziel für sie auch erreichbar ist.

Schritt 1 zur Bestätigung des Conviction Effects

In diesem Schritt werden sie ihr Unterbewusstsein in Bezug auf ihr Ziel stimulieren. Dazu ist es erforderlich, dass sie in ihrer Vorstellung eine kleine Filmsequenz drehen, in der sie selbst Hauptdarsteller, Drehbuchautor und Regisseur sind. Lassen sie vor ihrem geistigen Auge eine fiktive Vorstellung von ihrem zukünftigen Leben entstehen, in der sie ihr Ziel bereits verwirklicht haben – eine Vision ihrer Zukunft. Drehen sie über diese Vision ihren ganz persönlichen kleinen Kurzfilm. Dieser sollte nicht zu lang sein. Es reicht eine Dauer von wenigen Augenblicken. Stellen sie sich vor wo sie sind, was sie machen und lassen sie diese Vision vor ihrem geistigen Auge ablaufen.

Konkret könnte die Visualisierung ihrer Zukunft so aussehen:
Suchen sie sich in ihrer Phantasie einen Drehort aus. Vielleicht einen Ort, den sie kennen und lieben oder kreieren sie ihre ganz persönliche Traumkulisse. Wählen sie Personen

aus, die neben ihnen in der Filmsequenz mitspielen, Familie, Freunde, Arbeitskollegen, vielleicht ihre Chefin oder ihr Chef. Kreieren sie in ihrer Phantasie eine Situation, in der ihr erreichtes Ziel eine Bedeutung hat. In dieser Sequenz verkörpern sie die Hauptrolle und bestimmen gleichzeitig den Ablauf, wie gesagt, sie sind Hauptdarsteller, Drehbuchautor und Regisseur, alles in einer Person.

Die Filmsequenz von Maria sah so aus:
Maria stellte sich vor, mit ihrem neuen Freund an einem wunderschönen Sandstrand in der Karibik zu sein, eine leichte Brise wehte über das Meer, am Strand standen Palmen, die sich im Wind leicht wiegten, das Wasser bewegte sich nur in leichten Wellen. Der Strand war spärlich besucht von einigen Pärchen, die ähnlich wie sie die Sonne genossen. Sie stand mit ihrer tollen Figur (genauso wie sie es sich gewünscht und vorgestellt hatte) von ihrer Strandliege auf. Sie hatte einen neuen roten Badeanzug an und ging Richtung Meer. Als sie bis knapp unter den Knien im Wasser stand, drehte sie sich um und sah, wie ihr Freund ihr bewundernde Blicke zuwarf, ihr zuwinkte. Sie winkte zurück und bemerkte dabei, wie sie die umliegenden Personen auf sehr angenehme und freundliche Art und Weise beobachteten.

Wenn ihnen ihre Filmsequenz nicht gleich auf Anhieb so gelingt wie sie sie gerne hätten, ist das nicht weiter schlimm. Versuchen sie, das „geistige Material“, das sie bereits haben abzuspeichern – manchmal ist es auch hilfreich sich die Vorstellung in Stichwörtern zu notieren - und versuchen sie es später wieder, vervollständigen sie die Filmsequenz über ihre Zukunftsvision immer weiter bis sie mit ihr zufrieden sind und speichern sie sie in ihrem Gedächtnis ab. Ihr Unterbewusstsein wird ihre Vorstellung aufsaugen wie ein trockener

Schwamm.

Gut, ihre Filmsequenz ist fast fertig. Ihre Emotionen dazu fehlen noch. Versuchen sie sich vorzustellen, wie sie sich in ihrem Kurzfilm fühlen werden. Ich weiß, das ist nicht ganz leicht, aber ich kann ihnen versichern, sie werden das schaffen.

Verbinden sie ihren Kurzfilm mit diesen Gefühlen. Sie müssen diese Gefühle und Empfindungen richtig spüren, es reicht nicht sich Worte wie Freude, Anerkennung, Zufriedenheit, Glück vorzustellen, nein es muss tatsächlich die Empfindung sein. Falls ihnen das schwer fällt sind sie keine Ausnahme. Wenn das nicht geübt wird, ist es keine leichte Übung. Aber lassen sie sich darauf ein.
Es kann hilfreich sein sich Situationen aus der Vergangenheit vorzustellen, bei denen Gefühle empfunden wurden, die den gewünschten Gefühlen sehr ähnlich sind. Es ist leichter sich bereits erlebte Zustände in Erinnerung zu rufen als sie spontan aufzurufen. Versuchen sie, sich in solche vergangene Situationen zurückzuversetzen und die damals verspürten positiven Gefühle zu verinnerlichen und auf ihren Film zu übertragen und gegebenenfalls mit anderen Empfindungen zu ergänzen. Auch hier gilt: das Ganze ist keine Aufgabe, die gleich beim ersten Mal gelingen muss. Vielmehr ist es ein Prozess, der sie Schritt für Schritt zum Ziel führt.

Maria war sehr zufrieden mit sich, dort auf dem wunderbaren Karibikstrand. Sie war ruhig, entspannt und gelassen. Sie fühlte sich stark, selbstbewusst und sehr glücklich, als sie aus ihrer Strandliege aufstand und zum Meer ging. Sie spürte die Blicke, die ihr folgten. Es war ein aufbauendes und angenehmes Gefühl und als sie sich umdrehte und die vielen freundlichen und anerkennenden Blicke wahrnahm, war sie unendlich dankbar.

Versuchen sie ihre Filmsequenz zu vervollständigen. Was vermitteln ihnen die anderen Menschen verbal und nonverbal. Was wollen sie zu ihnen und zu anderen sagen, wie sehen sie sie an, was spiegeln sie ihnen in ihrem zukünftigen Leben.

Wenn sie die Punkte eingehalten haben, müssten sie die Verwirklichung ihres Ziels nun sehen, hören und fühlen können.

Die Filmsequenz, die sie gedreht haben, muss nicht perfekt sein. Vom Perfektionismus haben wir uns ja bereits verabschiedet und wissen, dass es ihn nicht gibt. Aber sie sollte konkret sein im Hinblick auf das Ziel, das sie verfolgen. Versuchen sie einfach ihr Bestes und das ist in jedem Fall genug. Durch die Verinnerlichung ihrer persönlichen Vorstellung eines zukünftigen Lebens, in der geschilderten Art und Weise, ermöglichen sie es ihrem Unterbewusstsein es aufzunehmen. Ihre Vorstellungskraft befeuert ihr Unterbewusstsein und somit ihre Motivation und ihre Überzeugung.

Schritt 2 zur Bestätigung des Conviction Effects

Mit Schritt 1 haben sie einen Meilenstein gesetzt. Bemerken sie eine Veränderung? Sofern sie sich auf Schritt 1 eingelassen haben, sollte sich bei ihnen ein positives Empfinden eingestellt haben. Eine innere Zuversicht gepaart mit Mut, Zufriedenheit und in gewisser Weise auch eine Gelassenheit. Wenn das der Fall ist, sind sie auf dem richtigen Weg!

Nun kommt ein weiterer entscheidender Schritt, um die bisherige Entwicklung zu bestätigen.

1. Führen sie sich nochmals ihr Ziel klar vor Augen.

2. Überprüfen sie, ob ihnen die Erreichung dieses Ziels auch wirklich wichtig ist und welche Auswirkung es auf ihr Leben hätte.

Eine absolute Klarheit darüber ist von großer Bedeutung für ihre Entschiedenheit und diese ist wiederum ein wichtiges Element des Conviction Effects und somit des gesamten Prozesses. Nur wer sich tatsächlich entschieden hat, kann mit dem tiefen Glauben und der ehrlichen Überzeugung es zu schaffen, das Ziel verfolgen.

Ihre Entscheidung, ihre Entschlossenheit, ihr Verlangen und ihre Bereitschaft sich auf dieses Ziel wirklich einzulassen ist von elementarer Bedeutung. Ist es wirklich das, was sie wollen, oder ist es eher nur eine gute Idee, oder ein Wunsch, der schnell einmal auftaucht und genauso schnell wieder verschwindet und für die man nicht viel Aufwand betreiben möchte?

Fragen sie sich:
Ist es etwas, das sich wirklich zu wollen lohnt?
Habe ich eine emotionale Verbundenheit zu meinem Ziel?
Zu welchen Anstrengungen wäre ich bereit, um das Ziel zu erreichen?

An dieser Stelle kann es passieren, dass sie unsicher werden. Diese Unsicherheit wird sie hemmen. Deshalb, falls sie Zweifel haben, sollten sie wieder zurück zum Beginn von Phase 2, um ihre Zielformulierung neu zu überdenken. Einigen, unter anderem auch mir, ist es beim ersten Versuch so ergangen. Das ist nicht weiter schlimm, lassen sie sich dadurch nicht entmutigen. Bedenken sie, sie befinden sich auf Neuland, auf unbekanntem Terrain, da kann man sich mitunter auch ein wenig verirren.

Schritt 3 zur Bestätigung des Conviction Effects

Sie haben die Filmsequenz über ihr persönliches Ziel erfolgreich abgespeichert. Wie geht es Ihnen jetzt? Fühlen sie sich gut? Sind sie zufrieden und zuversichtlich? Wenn ja, dann gratuliere ich Ihnen, sie haben bisher alles richtig gemacht.

In vielen Lebensratgebern und Motivationsführern liest man Aufforderungen wie: „Verbannen sie einschränkende Gedanken", „Denken sie positiv und beschäftigen sie sich nicht mit vermeintlichen Hindernissen", „Setzen sie sich nicht mit Umständen auseinander, die sie auf dem Weg zu ihren Zielen behindern" und vieles mehr.
Bevor ich mich mit dem Conviction Effect auseinandersetzte, war ich auch der Ansicht, eine Vorgangsweise, die Hindernisse negiert und die einschränkende Gedanken aus unserem Gedächtnis zu verbannen versucht, wäre effektiv und wirksam. In zahlreichen Meditationen wiederholte ich mantraartige Sätze wie „ich bin zufrieden", „ich bin gelassen", „ich bin zuversichtlich" und fühlte mich danach immer wie auf „Wolke 7" und war überzeugt auf dem richtigen Weg zu sein. Mit dieser Ansicht war ich nicht allein und ich bin sicher, dass die Autorinnen und Autoren, die in ihren Büchern solche Suggestionen empfehlen, ebenso der Meinung sind, dies wäre eine effektive Möglichkeit, um Motivation aufzubauen, Gedanken und Verhalten zu verändern und Erfolg zu haben. In vielen Selbstfindungsseminaren wurde genau das gepredigt und alle, die daran teilnahmen, waren begeistert davon und hatten das Gefühl, dass sich durch derartige Suggestionen vieles in ihrem Leben zum Besseren ändern würde. Bei vielen dieser Teilnehmer kam allerdings nach einiger Zeit die Ernüchterung. Eine nachhaltige Veränderung wurde in den wenigsten Fällen erzielt. Diese Gefühle, die erzeugt wurden, brachten kurzfristig einen angenehmen Zustand, führten

aber kaum zu Verhaltensänderungen, die ans Ziel führten. Das kann sehr frustrierend sein für die anfangs sehr motivierten Teilnehmer.
Beschränkt man sich lediglich auf das Verbannen von negativen Gedanken und Glaubenssätzen und auf positives Denken, wird das kaum zu nachhaltigen Veränderungen der Umstände und des Verhaltens führen. Dazu braucht es all die Schritte, die wir bereits behandelt haben und vor allem diesen 3. Schritt.

Motivationsforscher, hervorheben möchte ich die deutsche Psychologin Gabriele Öttingen, haben bereits vor einigen Jahren, im Zuge zahlreicher und intensiver Forschungsarbeiten, herausgefunden, dass bei dem Versuch das Leben zum Positiven zu verändern, gerade die Auseinandersetzung mit den Hindernissen, von denen wir glauben, dass sie uns von der Erreichung unserer Wunschvorstellung abhalten, sehr unterstützend ist, um unsere Ziele zu verwirklichen. Wir müssen nur anders als gewohnt mit ihnen umgehen. Auf die Frage, wie man seinem Wunsch oder Ziel näherkommen kann, haben viele von uns die einfache Antwort: Denken sie positiv, halten sie sich nicht mit Hindernissen auf, das raubt nur Energie. Seien sie optimistisch, konzentrieren sie sich auf das, was sie erreichen wollen, stellen sie sich ihre eigene glückliche Zukunft vor usw. Die angesprochenen Forschungsarbeiten haben mehrfach und eindeutig gezeigt, dass es uns nicht weiterbringt nur an unsere Wünsche zu denken und uns das Erreichen unserer Ziele vorzustellen. Die Visualisierung des erreichten Ziels als Anker in unserem Unterbewussten braucht auch eine Verbindung zur Realität und somit zu eventuellen Hindernissen, die es gibt. Die angenehme Vorstellung wir hätten die Ziellinie bereits überschritten, wir hätten bereits den erträumten Lebenspartner gefunden oder die überschüssigen Kilos abgenommen, gaukelt uns unbewusst vor, dieses Ziel bereits erreicht zu haben und nimmt uns gleichzeitig die Energie, die wir brauchen, um diese Entwicklung auch wahr werden zu lassen. Wir lehnen uns mit der angenehmen Vorstellung glücklich zurück und warten auf die Erlösung.

Es braucht eben noch diesen 3. Schritt: Das „mentale Kontrastieren"! Damit ist eine neue Methode aus der Motivationsforschung gemeint, die uns lehrt, unsere Zielvorstellung klar und deutlich vor unseren Augen zu haben und gleichzeitig die eigenen, inneren Hindernisse anzuschauen, die uns davon abhalten, unsere Ziele zu erreichen. Wir haben die falsche Vorstellung, dass jeder Gedanke an Hemmnisse uns von unserem Ziel weiter entfernt, frei nach dem Motto: „Was ich nicht sehe existiert nicht". Aber das stimmt nicht. Genau das Gegenteil ist der Fall. Wenn wir parallel zu unserer Filmsequenz das mentale Kontrastieren anwenden, gewinnen wir eine große Menge an Energie, die uns genau die richtigen und erforderlichen Schritte einleiten lässt. In zahlreichen Studien zeigte sich immer wieder, dass Teilnehmer, die das mentale Kontrastieren anwandten, wesentlich motivierter und erfolgreicher waren, als Teilnehmer der Kontrollgruppen, die das nicht taten, unabhängig davon, ob es darum ging mit dem Rauchen aufzuhören, bessere Noten zu bekommen, Beziehungen zu verbessern oder beruflich erfolgreicher zu sein. Indem die Studienteilnehmer den Zielphantasien ein Stück Realität hinzufügten, entstand unbewusst eine Energie zum richtigen Handeln.

Konkret bedeutet das: Überlegen sie ganz gezielt und ohne Einschränkung was sie von ihren Zielen abhalten könnte. Was steht ihnen innerlich im Weg? Ist es möglicherweise ein

Mangel an Zeit, sind es ihr Wankelmut, ihre Unbeständigkeit oder Inkonsequenz, ist es ein Mangel an Selbstbewusstsein oder sind es Umstände im Betrieb oder in der Familie, gibt es eine Angst, die sie einschränkt?
Denken sie darüber nach und finden sie, falls vorhanden, das wahre Hindernis. Schürfen sie tief und identifizieren sie es. Oft ist es nur ein einzelnes aber entscheidendes Hemmnis, das ihnen im Wege steht. Behalten sie es im Auge, schreiben sie es auf und stellen sie sich vor wie sie diesem begegnen. Lassen sie dabei ihren Vorstellungen im Hinblick auf die Überwindung dieser Schranken freien Lauf. Stellen sie sich die Szenarien so lebendig wie möglich vor.
Möglicherweise kommen ihnen mehrere Hindernisse in den Sinn. Nehmen sie jenes, das sich im Moment für sie am zentralsten anfühlt, das aktuell die bedeutendste Rolle spielt. Es kann sein, dass diese Suche nicht gleich beim ersten Mal funktioniert und sie Zweifel haben, das richtige und wichtigste Hindernis identifiziert zu haben. Auch hier gilt, nehmen sie sich Zeit, seien sie nicht zu streng zu sich, wenn sie mehrere Anläufe benötigen ist das kein Problem.
Wenn sie das Hindernis gefunden haben, spüren sie ihm nach. Sie werden in einem solchen Moment ein Gefühl der Erkenntnis, eine Einsicht und energiegeladene Ruhe, vielleicht sogar eine Offenbarung erleben.

Maria fühlt sich nach ihrer Visualisierung überschüttet von Glückshormonen. Ein Wohlbefinden macht sich in ihr breit und gleichzeitig eine Ruhe und Gelassenheit. Verschwunden sind Unzufriedenheit und Unsicherheit. Ein wunderbarer Zustand, mit dem es sich leben lässt. Sie weiß jedoch, dieser Zustand bringt ihr Zuversicht und Zufriedenheit, aber er ist auch trügerisch. Sie darf es nicht dabei belassen. Ein wichtiger Schritt fehlt noch.

Sie versucht tief in ihrem Innersten nach Hindernissen zu schürfen, die ihr auf ihrem Weg zum Erfolg begegnen können. Sie weiß, sie ist zielstrebig, motiviert und hart im Nehmen, aber gibt es vielleicht dennoch ein inneres Hindernis, das ihr im Weg stehen könnte? Bei der Erforschung ihres Innersten kommen Gefühle und Gedanken auf. Unangenehme Empfindungen ausgelöst durch Einsamkeit und Unzufriedenheit, die sie häufig mit Essen zu kompensieren versucht. Oder die Belohnungen, die sie sich selbst macht, bestehend aus hochkalorischen Süßigkeiten und manchmal auch aus zu viel Alkohol.
Ihr ist nun bewusst, dass der Tag kommt, an dem sie vor genau einer solchen schwierigen Situation mit diesen unangenehmen Empfindungen stehen wird und sie weiß, sie wird ihre Unstimmigkeiten nicht mehr mit Essen kompensieren, sondern stattdessen eine Freundin anrufen und mit ihr eine gutes Gespräch führen. Sie weiß auch, dass sie sich nicht mehr mit Unmengen an Junkfood, Süßigkeiten und jeder Menge Alkohol belohnen wird, sondern mit einem guten Essen und einem Glas Wein in ihrem Lieblingslokal, gemeinsam mit ihrem Sohn und ihrer Tochter.

Maria kennt ihr Ziel. Sie hat es klar vor Augen und weiß auch wie es sich anfühlt. Sie kennt ihre Stärken und auch die Hindernisse, die ihr auf diesem Weg begegnen werden. Sie hat einen Plan und weiß was zu machen ist. Sie ist überzeugt, sie ist sich ganz sicher ihr Ziel zu erreichen.

Schritt 4 zur Bestätigung des Conviction Effects

Finden sie nun eine für sie stimmige Maßnahme, ein Ritual mit dem sie ihr Ziel, ihre Entschlossenheit und ihre Überzeugung dieses Ziel zu erreichen, bestätigen und manifestieren.

Mit einem solchen Ritual meine ich eine symbolhafte Inszenierung des Übergangs vom Alten ins Neue. Stellen sie sich vor durch Abschluss und Neubeginn eine Schwelle zu überschreiten, eine Mauer zu überwinden, ein Tor zu durchschreiten und Neuland zu betreten. Ein Ritual, als eine bewusste Inszenierung eines solchen Übergangs kann diesen wesentlich erleichtern und bedeutungsvoll machen.

Diese Maßnahme symbolisiert den endgültigen Übergang in ihr neues Leben. Nachstehend möchte ich ihnen einige Möglichkeiten eines solchen Rituals vorstellen:

Die Durchwanderung einer Höhle oder eines Tunnels,
eine Wanderung,
eine Nacht am Lagerfeuer,
eine Visionssuche,
ein Schwitzhüttenritual,
einen Brief, den sie an sich selbst richten,
einen Vertrag mit sich selbst,
ein religiöses Gebet oder einen religiösen Ritus,
ein Versprechen an sich selbst
u.v.m.

Für welche Maßnahme sie sich auch entscheiden, es sollte etwas Bedeutungsvolles für sie sein, etwas mit Tiefe. Falls ihnen nicht sofort eine Maßnahme einfällt oder sie sich nicht entscheiden können, so geben sie sich etwas Zeit. Sie werden sehen es dauert nicht lange, vielleicht einige Tage, und die richtige und für sie stimmige Art und Weise, wie sie ihr Ziel und ihre Entschlossenheit festigen und manifestieren, wird ihnen wie von selbst in den Schoß fallen.

Schritt 5 zur Bestätigung des Conviction Effects

Aktivieren sie nun ganz bewusst durch aktives Tun ihren Veränderungsprozess. Eine gute Möglichkeit wäre es das

Ende des Rituals aus Schritt 4 mit dem Aktivierungsprozess zu verbinden, indem sie ihren Film, den sie im Schritt 1 gedreht haben, aufrufen und vor ihrem inneren Auge ablaufen lassen. Unmittelbar danach beginnen sie aktiv Handlungen zu setzen, die sie bei der Erreichung ihres Ziels unterstützen.

Maria ist in dem kleinen Hotel angekommen und packt für morgen einen kleinen Rucksack mit dem Notwendigsten ein. Kleidung zum Wechseln, Regenjacke, 2 Trinkflaschen, Obst und Jausenbrote, ein Erste-Hilfe-Päckchen, Stifte und ihr Tagebuch. Sie kann sich nicht erinnern so etwas schon einmal gemacht zu haben. Sie hat sich einige Tage zuvor eine Tageswanderung herausgesucht, die nicht stark frequentiert ist und auf der sie, speziell in dieser Jahreszeit, es ist bereits November, kaum jemanden treffen wird. Ruhe und Stille sind ihr bei dieser Wanderung wichtig. Den Fokus auf das Wesentliche gerichtet - auf ihr Ziel. Diese Wanderung ist ihr Übergang, ihre Schwelle, der Startschuss, der den Prozess zur Erreichung ihres Ziels einleiten soll. Ihre persönliche Medizinwanderung. Mit dem ersten Tageslicht bricht sie auf. Sie geht langsam und genießt die Natur, die Sonnenstrahlen, die sich zaghaft durch die Lücken in der Wolkendecke drängen, sie beobachtet Wasservögel auf einem kleinen See und verspürt mit jedem Schritt eine Kraft und ein Glück in sich aufsteigen. Mehrmals macht sie Rast, lässt die Geräusche des Waldes auf sich wirken, und ist froh und dankbar diesen Schritt gemacht zu haben, diesen Schritt in ein neues Leben.
Zurück im Hotel ist sie eine andere, eine gelassenere und glücklichere Frau. Sie weiß nun was sie will.
Nach einer weiteren Nacht in dem netten kleinen Hotel fährt sie am Morgen nach Hause. Auf dem Heimweg hält sie bei einem Fitnessstudio in ihrer Nähe an und bucht einen Termin für ein Probetraining mit einem Personal Trainer - Es hat begonnen!

Abschließend kann zu diesem Kapitel gesagt werden: Die Vorstellung einer besseren Zukunft ist ein bedeutsamer und motivierender Teil bei der Verwirklichung von Zielen und bei der Einleitung von Veränderungen. Das allein ist jedoch zu wenig. Es braucht ein Erkennen der eigenen Situation, einen Wunsch, der zum konkreten Ziel wird, mit Sinn und Bedeutung versehen, eine Auseinandersetzung mit den eigenen Möglichkeiten, um dieses Ziel zu erreichen und dieselbe Konfrontation mit möglichen inneren Hindernissen.

Wenn sie die beschriebenen Phasen und Schritte einhalten wird der Conviction Effect seine Wirkung entfalten und es passiert etwas ganz Wunderbares. Sie werden sich Schritt für Schritt in die von ihnen gewünschte Richtung bewegen, sie werden Veränderungen einleiten und sie werden staunen. Wichtig ist, dass sie sich ihre Filmsequenz regelmäßig aufrufen und sie ablaufen lassen und mit ihren Stärken und Hemmnissen kontrastieren. Mit jeder dieser Visualisierungen verankern sie ihre Vorstellung stärker und ihre Überzeugung wird tiefer. Diese Visualisierung führt sie schrittweise zu allen weiteren Handlungen, die sie setzen werden, um ihr Ziel zu erreichen.

Veränderung und Rückschläge

Erreichbare Veränderungen

Wenn wir Veränderungen mit Hilfe des Conviction Effects einleiten, wird uns häufig nur das unmittelbare und offensichtliche Resultat, das wir durch die Änderung erreichen wollen, bewusst. Das ist allerdings bei weitem zu oberflächlich betrachtet. Die Auswirkungen von Veränderungen sind meist viel umfassender.

Durch eine Veränderung unterstützt durch den Conviction Effect wird nicht nur

a) ein gewünschtes Resultat erreicht (Ebene 1 - Resultatebene),
b) sondern es werden auch
c) tiefgreifende Prozesse eingeleitet und nachhaltig beibehalten (Ebene 2 - Prozessebene) und
d) die eigene Identität positiv verändert (Ebene 3 - Identitätsebene).

Ich möchte das anhand des Beispiels von Maria erläutern:
Maria hat sich zum Ziel gesetzt 40 Kilogramm abzunehmen. Das ist ein Ziel, das klar definiert ist. Das Resultat wäre 40 Kilogramm weniger auf die Waage zu bringen (Ebene 1).
Um dieses Resultat zu erreichen, werden durch den Conviction Effect auch Prozesse bei Maria in Gang gesetzt. Beispielsweise wird sie ihre Ernährung umstellen und mehr Bewegung machen. Diese Zuwendung zu einer veränderten Lebensweise beinhaltet

bei ihr eine Auseinandersetzung mit bisher ungewohnten Vorgängen, die Bestandteil ihres zukünftigen Lebens werden können (Ebene 2).
Und zu guter Letzt werden sich ihr Selbstbild, ihre Einstellung, ihr Selbstvertrauen und ihr Vertrauen in ihre Selbstwirksamkeit uvm. verändern. Sie wird bestärkt in ihrem Glauben Dinge selbst in die Hand nehmen, verändern und zum Positiven wandeln zu können. Möglicherweise wird sich ihr Umfeld verändern und sie wird zu einer anderen, positiveren, selbstbewussteren Person werden (Ebene 3).

Resultate sind die Ziele, die es zu erreichen gilt.
Prozesse sind komplexe und ineinandergreifende Maßnahmen, die zur Erreichung des Resultates führen.
Identität ist was eine Person ausmacht, ihre Fähigkeiten und auch ihre Defizite, ihre Erfahrungen, alles woran sie glaubt, ihre Haltungen und Werte. Dazu gehört auch die begründete und tiefe Überzeugung, jene Person sein zu können, die Veränderungen herbeiführen kann, um gesteckte Ziele zu erreichen.

Viele Personen, die Veränderungen herbeiführen wollen, konzentrieren sich meist nur auf das, was sie erreichen wollen und bleiben auf der Resultatebene stecken. Zum Beispiel mit dem Vorsatz „ich will 40 Kilogramm abnehmen", um bei unserem Beispiel zu bleiben.
Dabei überlegen sie sich eine Diät, die sie dann über einen kurzen Zeitraum durchführen und kommen somit nur ansatzweise (für die Dauer der Diät) auf eine Prozessebene. Ihre Sicht auf sich selbst, ihr grundsätzliches Verhalten und ihre gewohnten Lebensgewohnheiten bleiben unverändert und sie erkennen nicht, dass ihre alte Identität, die sie grundsätzlich beibehalten haben, die neuen Pläne untergraben kann

und mit hoher Wahrscheinlichkeit auch wird.
Und nun kommt der Conviction Effect ins Spiel. Durch die Kraft der Überzeugung werden sie ihr Verhalten nicht nur kurzfristig verändern. Vielmehr werden sie sich mit dieser Verhaltensänderung identifizieren. Diese Veränderung wird ein Bestandteil ihrer Identität und somit nachhaltig. Sie werden nicht nur zu der Person, die abnimmt und danach 40 Kilogramm weniger wiegt, sondern sie werden zu der Person mit dem Willen, der Kraft, der Zuversicht, der Zufriedenheit, dem positiven Denken, dem Selbstbewusstsein, den veränderten Verhaltensweisen und mit all den Eigenschaften, die sie zu dem Resultat geführt haben.

Erinnern wir uns zurück an das Kapitel „Wie Gedanken zum Schicksal werden":
Achte auf Deine Gedanken, denn sie werden zu Deinen Worten. Achte auf Deine Worte, denn sie werden zu Deinen Handlungen. Achte auf Deine Handlungen, denn sie werden zu Deiner Gewohnheit.
Achte auf Deine Gewohnheiten, denn sie werden zu Deinem Charakter.
Achte auf Deinen Charakter, denn er wird zu Deinem Schicksal.
Sie haben es in der Hand!

Mögliche Rückschläge

Was wäre ein Prozess ohne Rückschläge? Nur ein linearer, monotoner und langweiliger Trend ohne Ecken und Kanten, ohne Herausforderungen und Belohnungen, ohne Ausschläge nach unten oder oben. Umgemünzt auf das Leben liest sich das doch grauenhaft. Bei solch einer Entwicklung

würde dem Leben, allem Erfolg und jeder Weiterentwicklung ganz ordentlich die Würze fehlen. Wenn alles ohne Probleme immer gleich bliebe, oder auch bergauf ginge, welchen Reiz und welchen Wert hätte es dann Herausforderungen anzunehmen, sich Ziele zu stecken, für einen Sieg zu trainieren und Entbehrungen auf sich zu nehmen? Wäre Erfolg erstrebenswert, wäre er belohnenswert?
Deshalb möchte ich ihnen ans Herz legen ihre Rückschläge zu akzeptieren, anzunehmen und als das zu sehen, was sie sind: Bestätigung für den großen und besonderen Weg, den sie gehen, für die große Herausforderung, die sie angenommen haben. Jeder Rückschlag bestätigt ihnen ihre Kraft und Beständigkeit auf einem Weg, der manchmal kein leichter ist. Sie werden an ihren Rückschritten wachsen und sie werden sie in kürzester Zeit wieder aufholen.
Zu diesem Thema sollte nicht unerwähnt bleiben, dass ein kontinuierlicher Wachstumsprozess immer auf Einbrüchen aufgebaut ist. Ein gutes Beispiel dafür ist sportliches Training wie das Muskelaufbautraining. Ein Fortschritt beim Muskelaufbautraining bedeutet mehr Kraft und somit Muskelzuwachs. Dieser Muskelzuwachs funktioniert nach dem Prinzip der Superkompensation. Damit ist gemeint, dass während eines Krafttrainings die Muskulatur erst einmal schwächer wird. Unmittelbarer Effekt des Trainings ist somit ein schwächerer Muskel. Was wie ein Rückschritt erscheint ist in Wahrheit ein Booster für das Wachstum. Während dieser Schwächephase merkt unser Organismus, dass er, um den Belastungen, verursacht durch das Training, gewachsen zu sein, stärker werden muss. Somit wächst die Muskulatur nach der Schwächephase wieder, holt das entstandene Defizit auf, wächst über seinen ursprünglichen Zustand hinaus und wird stärker, um für das nächste Training gewappnet zu sein. Das nennt man progressives Krafttraining:

a) Belastungsphase (der Körper wird schwächer)
b) Erholungsphase (der Körper erreicht seinen ursprünglichen Status)
c) Superkompensationsphase (der Körper wächst über seinen ursprünglichen Zustand hinaus, um für nächste Belastungen gewappnet zu sein)

So funktioniert Training, so funktioniert Fortschritt und so funktioniert letztendlich unser Leben.

Weiterführende Übungen

Übungen, um die Vorstellungskraft zu verbessern

In vorangegangenen Kapiteln haben sie einiges über die ihnen innewohnende Vorstellungskraft erfahren. Ich möchte nun einige Übungen vorstellen, anhand derer sie ihre Vorstellungskraft trainieren können.
Durch praktisches Üben kann nochmals klarer werden, wie groß das Potential unseres Geistes ist und wie dieser über unseren Körper bestimmt. Der Körper folgt unseren Gedanken, denn sie sind es, die den Ton angeben und Realität entstehen lassen. Alles, was wir wahrnehmen und gedanklich verarbeiten wird zu unserer individuellen Realität.

Lenkung der Aufmerksamkeit

Eine gute Übung für Anfänger, um die eigene Aufmerksamkeit zu steuern.

Atmen sie mehrmals ruhig ein und aus.
mit der Einatmung versuchen sie, die eingeatmete Luft gedanklich in ihrem Körper zu verteilen.
Ausatmen.
Mit der Einatmung versuchen sie, die Atemluft über ihren Bauch und ihre Beine in ihre Füße fließen zu lassen.
Ausatmen.
Mit der Einatmung versuchen sie, die Atemluft über ihre Arme in ihre Hände fließen zu lassen.
Ausatmen
Fühlen sie mit jedem Atemzug, wie der Strom der Lebens-

kraft, ihre Energie, in die Bereiche fließt, in die sie ihre Aufmerksamkeit lenken.
Versuchen sie diese Übung über mehrere Minuten durchzuführen.

Diese Übung verlangt ein gewisses Maß an Konzentration. Spüren sie sich in ihre Atmung hinein und versuchen sie, sich in die jeweiligen Körperbereiche „hinein zu denken". Manchmal ist es hilfreich, wenn man sich die Atemluft in einer Farbe vorstellt. Es kann sein, dass es beim ersten Mal nicht gelingt. Haben sie Geduld und geben sie nicht auf. Schon nach wenigen Versuchen wird es gelingen.

Wärmende Gedanken

Vielleicht gehören sie zu den Menschen, die oft unter kalten Händen oder Füßen leiden. Dann probieren sie folgende Übung aus. Bevor sie starten, lesen sie sich die nachstehende Übungsanleitung durch, damit der Ablauf für sie klar ist und sie während der Ausführung nicht mitlesen müssen. Sie können sich den Ablauf auch auf ein Aufnahmegerät sprechen und dieses während der Übung ablaufen lassen.

Setzen sie sich entspannt auf einen Sessel.
Stellen sie ihre Füße mit Ferse und Fußballen vollflächig auf den Boden, ihre Hände legen sie mit den Handflächen auf die Oberschenkel.
Lehnen sie sich zurück und schließen sie die Augen.
Atmen sie durch die Nase ein und durch den Mund wieder aus.
Beim Ausatmen spüren sie, wie sie alle Anspannungen loslassen.
Durch die Nase einatmen.
Durch den Mund ausatmen, entspannen.
Noch ein drittes Mal durch die Nase einatmen.
Durch den Mund ausatmen und entspannen.

Beim nächsten Ausatmen entspannen sie ihr Gesicht.
Beim darauffolgenden Ausatmen entspannen sie ihren Nacken.
Entspannen sie die Schultern.
Entspannen sie die Arme bis hin zu den Fingerspitzen.
Entspannen sie den restlichen Oberkörper.
Entspannen sie die Beine.
Entspannen sie die Füße bis hin zu den Zehenspitzen.
Nun sinken sie tiefer und tiefer in den wunderbaren Zustand der absoluten Entspannung.
Tiefer und tiefer, sie fühlen sich dabei wohl und entspannt.
Jetzt konzentrieren sie sich auf das Gefühl in ihren Händen, die auf ihren Oberschenkel liegen.
Fühlen sie den Stoff ihrer Kleidung unter ihren Händen.
Fühlen sie die Lufttemperatur um ihre Hände herum.
Stellen sie sich vor wie ihre Hände immer wärmer und wärmer werden.
Stellen sie sich eine wärmende Heizung vor.
Diese Heizung wärmt ihre Hände.
Sie werden wärmer und wärmer.
Nun stellen sie sich vor, einen Temperaturregler für diese Heizung zu haben.
Sie drehen den Regler langsam nach oben.
Ihre Hände werden immer wärmer und wärmer.
Während sie weiter entspannen nehmen ihre Hände immer mehr die wärmenden Strahlen der Heizung auf.
Sie werden wärmer und wärmer.
Wenn sie gleich die Augen öffnen, sind sie wieder im Hier und Jetzt und ihre Hände bleiben warm.
Doch zunächst werden die Hände wärmer und wärmer.
Wärmer und wärmer.
Sie kommen langsam zurück.
Sie öffnen die Augen.
Sie strecken sich und sind wieder im Hier und Jetzt.

Haben sie die Wirkung ihrer Vorstellungskraft gespürt? Konnten sie ihre Hände erwärmen? Dasselbe funktioniert natürlich auch mit den Füßen.
Zum Ablauf der Übung: Sie müssen die Abfolge der Übung nicht Wort für Wort einhalten. Wichtig ist es, dass sie zu Beginn den Körper entspannen und danach ihre Aufmerksamkeit auf die Erwärmung ihrer Hände richten. Die Vorstellung einer Heizung kann den Übungsprozess erleichtern ist aber nicht unbedingt erforderlich.

Energie tanken

Noch eine Übung zur Stärkung der Vorstellungskraft in Verbindung mit der Atmung möchte ich ihnen näher bringen. Sie können die Übung im Stehen oder im Sitzen ausführen. Sitzen oder stehen sie mit geradem Rücken und aufrechtem Kopf. Wichtig ist, dass sie sich einen ruhigen Platz suchen, an dem sie nicht gestört werden.

Atmen sie wie bei den vorangegangenen Übungen mehrmals entspannt aus und ein.
Nehmen sie sich Zeit und kommen sie zur Ruhe.
Einatmen und ausatmen.
Wenn ihre Atmung im Gleichklang ist und sie zur Ruhe gekommen sind, stellen sie sich am höchsten Punkt ihres Kopfes einen Strahl Richtung Himmel vor.
Eine Verbindung zum Universum.
Atmen sie dabei entspannt weiter.
Einatmen und ausatmen.
Stellen sie sich die Verbindung zum Universum als goldenen Strahl vor.
Über diesen Strahl sind sie verbunden mit der gesamten Energie des Universums.

Spüren sie, wie mit jedem Atemzug die positive Energie des Universums in sie eindringt.
Mit jedem Atemzug erfüllt die positive Energie ihren Geist und ihren Körper.
Mit jeder Einatmung dringt die positive Energie über ihren Kopf durch ihren Körper bis in die Zehenspitzen.
Mit jeder Ausatmung steigt diese Energie von ihren Füßen über die Rückseite ihres Körpers nach oben zum Kopf, wo sie sich bei der Einatmung mit der neu einströmenden positiven Energie verbindet.
Ein Kreislauf von Energie strömt durch ihren Körper.
Sie spüren ihre Verbindung mit dem Universum.
Fühlen sie eine Verbundenheit mit allem, während sie ruhig und entspannt weiteratmen.
Machen sie zum Abschluss noch ein paar tiefe Atemzüge und kommen sie zurück, indem sie langsam ihre Augen öffnen.
Nehmen sie bewusst ihre Umgebung wahr und spüren sie in sich hinein.

Wie bei allen meditativen Vorstellungsübungen kann es sein, dass sie gedanklich immer wieder abschweifen. Lassen sie sich dadurch nicht aus ihrem Konzept bringen. Das ist normal. Lenken sie ihre Aufmerksamkeit einfach zurück auf ihre Atmung und den Gegenstand ihrer Vorstellung. Mit zunehmender Übung werden die abschweifenden Gedanken weniger. Wichtig ist, dass sie sich bei keiner der vorgeschlagenen Übungen unter Druck setzen. Lassen sie abschweifende Gedanken so wie sie kommen einfach zu und lassen sie sie ebenso wieder los.

Body-Feedback - So tun als ob

Sie haben in diesem Buch viel über die Vorstellungskraft erfahren und wie die Kraft des Geistes unser Verhalten und unser Wohlbefinden fördern und somit auch unsere Mimik, unsere Körpersprache und auch unsere Ausstrahlung beeinflussen kann.
Diese Sache funktioniert gemäß der „Body-Feedback Hypothese" aber auch hervorragend in umgekehrter Richtung: Indem wir mit unserem Körper bewusst eine mit einer bestimmten Stimmungslage assoziierte Handlung ausüben, können wir eine Botschaft an unser Unterbewusstsein senden. Dieses steuert dann wie eine Suggestion unsere Gedanken, unsere Gefühle und unser ganzes Befinden. Vereinfacht ausgedrückt, wir spielen uns auf körperlicher Ebene einfach selbst vor, wie wir sein möchten, wir tun so als ob wir froh sind, lustig sind, stolz sind, selbstbewusst sind, erfolgreich sind usw. und unser Geist wird sich dem anpassen und die Gefühle der Körpersprache gemäß entwickeln.
Diese Methode wenden auch viele Schauspieler, Kabarettisten, Politiker und Speaker an, um sich in Stimmung zu bringen. Sie basiert auch auf der Schauspieltechnik des „Method Acting" nach Lee Strasberg und funktioniert nach dem „So-tun-als-ob" Prinzip. Indem Schauspieler Mimik und Körperhaltung in eine bestimmte Richtung ausrichten, verändern sie auch innere Stimmungen und werden somit auch innerlich zu dem Menschen, den sie durch ihre Körperhaltung und durch ihre Mimik darstellen wollen und können somit einen Charakter sehr überzeugend darstellen und wirken dabei echt und authentisch.

Eine regelrechte Wunderwaffe der Body-Feedback Methode

ist das bewusste Lächeln. Damit meine ich ein bewusst hervorgerufenes (erzwungenes) Lächeln, obwohl es keinen Grund gibt und der jeweiligen Person auch nicht nach Lächeln zumute ist. „Facial Feedback“ nennt man diese Methode, bei der sich Gesichtsmimik und Geist wechselseitig beeinflussen. Durch die Kontraktion von Gesichtsmuskeln, die für ein Lächeln zuständig sind, wird das eigene emotionale Erleben beeinflusst. Dadurch werden im Unterbewusstsein jene Prozesse aktiviert, die normalerweise umgekehrt unsere Lachmuskeln aktivieren. Die Muskulatur suggeriert dem Geist eine, einem Lächeln angepasste Stimmung. Durch diese Stimulierung kommt es zu einer entsprechenden Ausschüttung von Neurotransmittern (Glückshormonen), die unser Wohlbefinden steigern und wir begeben uns in ein bewusst herbeigeführtes Wohlbefinden.

Nun zur Praxis: Probieren sie, während sie in einer Stimmung sind, in der ihnen so gar nicht nach Lächeln zumute ist, folgendes aus:

Ziehen Sie ihre Mundwinkel wie bei einem Lächeln nach oben. Nicht zu zaghaft. Sie sollten die, durch diese Mimik erforderlichen Muskelkontraktionen gut spüren – so wie es eben bei einem Lächeln der Fall wäre. Dann halten sie das Lächeln für zwei Minuten. Am Anfang fühlt sich das vermutlich ein bisschen an wie eine merkwürdige Gesichtsgymnastik. Doch nach kurzer Zeit merkt man schnell, wie etwas ganz Tolles passiert: Die Laune verbessert sich mit jeder Sekunde.

Diese Übung kann ohne großen Aufwand durchgeführt werden und hat einen sofortigen Effekt. Bei schlechter Stimmung oder auch vor wichtigen Besprechungen, Vorstellungsgesprächen oder Auftritten kann sie wahre Wunder bewirken.

Auf dieselbe Art und Weise funktioniert die „Siegerpose“. Wenn sie eine Zusatzportion Selbstvertrauen tanken wollen, ist diese Pose genau das richtige für sie.

Stellen sie sich aufrecht hin, die Beine hüftbreit auseinander und das Körpergewicht auf beide Fußsohlen gleichmäßig verteilt. Danach recken sie beide Arme leicht angewinkelt über die Schultern nach oben, so wie sie es machen würden, nachdem sie als Sieger über die Ziellinie gelaufen sind oder eine wichtige Prüfung geschafft haben oder als Zuschauer bei einem Fußballspiel, wenn ihre Mannschaft ein wichtiges Tor geschossen hat. Strecken sie den Pokal in die Höhe, trommeln sie sich auf ihre stolzgeschwellte Brust, hüpfen sie vor Freude. Zaubern sie dabei ihr glücklichstes Lächeln in ihr Gesicht. Sie dürfen dabei auch einen Siegesschrei ausstoßen. Sie sind der Champion!

Ihr Geist wird auf diese Inszenierung sofort reagieren und ihnen ein Gefühl bescheren, als hätten sie tatsächlich einen Sieg errungen. Das kann ein unglaublich positiver Impuls vor Prüfungen, Referaten, Präsentationen oder Gesprächen mit Vorgesetzten sein.

Tagebuch zur inneren Stärkung

Das Notieren von selbst erlebten Ereignissen aus der jüngsten Vergangenheit ist eine unglaublich gute Methode der Reflexion. Dabei werden Abläufe von Erlebnissen in der Erinnerung aufgerufen und über sie nachgedacht. Durch diese Gedanken und das Notieren dieser Gedanken wird vieles verständlicher, nachvollziehbarer und kann nachhaltig wirken.

Stellen sie sich vor, ihnen ist etwas ganz besonders gut gelungen. Wäre es nicht sinnvoll und bereichernd darüber nachzudenken, wie sie zu diesem Erfolg gelangt sind? Welche Faktoren dabei eine Rolle spielten? Um über solche Dinge mehr Erkenntnisse zu erlangen, kann das Führen eines Tagesbuchs von großer Bedeutung sein. Durch das Aufschreiben von Ereignissen können sie sich mit diesen nochmals genau auseinandersetzen, Abläufe abrufen und den Erfolg ein zweites Mal, und diesmal wesentlich genauer und strukturierter, erleben. Das kann einen sehr nachhaltigen und profitablen Effekt haben.

Besorgen sie sich ein schönes Buch, in das sie jeden Abend vor dem Schlafengehen ihre besonderen Momente des Tages notieren. Es muss nichts Spektakuläres sein. Im Gegenteil, die kleinen Ereignisse machen es aus. Auch sie können etwas Besonderes sein. Ein gutes Gespräch, ein Erlebnis mit dem Partner oder der Partnerin, mit Freunden, mit der Familie. Oder ein gutes Essen, ein gutes Workout im Fitnessclub und vieles mehr. Versuchen sie, das Ereignis gut nachzuvollziehen und schreiben sie es sehr detailliert auf. Damit nehmen sie ihre Erfolge und somit ihre Stärken, die sie auszeichnen, die ihnen diese Momente ermöglichen, tief in sich auf und nehmen sie möglicherweise auch mit in ihre Träume.

Für Ungeübte werden das Reflektieren und das Schreiben anfangs ungewohnt sein. Allerdings können sie sich sicher sein, dass sich schnell eine Gewohnheit einstellt und sie besser und besser dabei werden. Bald werden sie merken, wie positiv sich diese Tagesreflexion und das Führen eines Tagebuchs zur inneren Stärkung auf sie auswirken.

Entspannung ist eine Wohltat für Körper und Geist. Jeder kann anhand von Entspannungsübungen lernen Körper und Geist zur Ruhe zu bringen, Stress abzubauen und Energie zu tanken.
Leider ist Stress in unserem Alltag allgegenwärtig. Zu viele stressfördernde Eindrücke prasseln auf uns ein. Zudem gibt es eine Vielzahl von herausfordernden Aufgaben, die zu erledigen sind und die Pausen zwischen diesen Bewältigungen „versüßen" wir uns mit Social Media, einer weiteren stressfördernden Betätigung. Wir kommen dadurch nicht mehr zum Abschalten, Ausruhen und Erholen.

Das Stresssystem war in Zeiten, als Kampf oder Flucht unser tägliches Leben bestimmten, überlebensnotwendig. Die Ausschüttung von Stresshormonen versetzte den Menschen in die Lage schwierige Situationen durch Kampf oder Flucht zu bewältigen. Diese körperlichen Anstrengungen ermöglichten wiederum den Abbau der Stressfaktoren.
Flucht oder Kampf in einem Ausmaß, wie es notwendig war, wenn man dem Säbelzahntiger Aug' in Aug' gegenüber stand, sind heute nicht mehr notwendig. Meist bleibt es bei einem verzweifelten Seufzer, dem Fallenlassen in den Bürostuhl und dem Griff zum Mobiltelefon, um sich abzulenken. Das wiederum führt vereinfacht gesagt dazu, dass die produzierten Stresshormone nicht ausreichend abgebaut werden können. Das Ergebnis: Unruhe, Gereiztheit, Konzentrationsschwäche, hoher Blutdruck, schneller Herzschlag, Schlafstörungen und andere psychische und physische Störungen.

Dauerhafter Stress hindert uns daran wichtige und grundsätzliche Angelegenheiten unseres Lebens zu erkennen, zu reflektieren und erforderliche Veränderungen einzuleiten. Er kann somit zum gesundheitsschädlichen Teufelskreis werden.
Wir müssen zur Ruhe kommen, um in der Lage zu sein unser Leben auf positive Art und Weise in die Hand zu nehmen. Ohne diese Ruhe werden wir auch den Prozess, der zur Auslösung des Conviction Effects führt, nur schwer schaffen. Deshalb sind mir die praktischen Anleitungen in diesem Kapitel sehr wichtig.

„Der Mensch braucht Stunden, wo er sich sammelt
und in sich hineinlebt.“
(Albert Schweitzer)

Das Atmen

Unser Körper braucht Sauerstoff. Ohne ihn können wir nur wenige Minuten leben. Mit der Einatmung strömt sauerstoffreiche Luft durch die oberen Atemwege, durch Nasenhöhlen, Mundhöhle, Rachen über den Kehlkopf zu den unteren Atemwegen, den Bronchien und der Lunge mit beiden Lungenflügeln. In den unzähligen kleinen Lungenbläschen, aus denen das Lungengewebe besteht, findet der Gasaustausch statt. Durch ihre dünnen Wände mit feinsten Blutgefäßen tritt der Sauerstoff ins Blut über, das ihn zu allen Zellen unseres Körpers transportiert. Hier findet die Umwandlung von Sauerstoff in Energie statt, die wir für alle Stoffwechselvorgänge brauchen. Bei diesen Prozessen fallen gasförmige Schlackenstoffe an, die der Körper wieder loswerden muss und die über die Ausatmung ausgeschieden werden.
Sauerstoff ist unser Lebenselixier und entscheidend für un-

sere Leistungsfähigkeit und unser Überleben. Dementsprechende Bedeutung kommt der Atmung zu.

Körperliche und seelische Belastungen beeinträchtigen unseren Atemfluss. In der Atmung spiegelt sich unser Lebenszustand und Lebensrhythmus. Negative Gedanken, Stresssituationen, unangenehme Gefühle, Angst, lassen unsere Atmung unruhig und ganz flach werden. Verkrampfter Atem stört die Ökonomie des Körpers. Wird unkontrolliert stark eingeatmet, beispielsweise beim Hyperventilieren, kann das zu Atemnot führen und schwindlig machen oder gar zur Bewusstlosigkeit führen.
In unserer atemlosen und manchmal auch atemberaubenden Zeit halte ich es für außerordentlich wichtig, wieder zum richtigen Atmen zu finden. Durch richtiges Atmen werden die Lungenwände gedehnt und ziehen sich wieder besser zusammen, die Lungenbläschen werden aktiviert, wodurch die Lunge auch wesentlich resistenter gegen Krankheiten wird. Die Sauerstoffzufuhr wird optimiert, was leistungsfähiger und frischer macht.
Beim Einatmen zieht sich das Zwerchfell zusammen und nach unten. Durch diesen Sog strömt Luft in die Lungen. Gleichzeitig ziehen sich die Zwischenrippenmuskeln zusammen, heben dadurch die Rippen und weiten den Brustkorb. Dies schafft Raum für die Ausdehnung der Lungen und die einströmende Atemluft. Beim Ausatmen wird das Zwerchfell wieder entspannt, die Rippen werden gesenkt, der Brustkorb verkleinert sich und die verbrauchte Luft strömt aus den Lungen.
Jeder Mensch hat, bei einem funktionierenden und gesunden Atemsystem, einen eigenen natürlichen Rhythmus beim Atmen. Diesen zu behalten oder wieder neu zu entdecken und ihn zu praktizieren - bewusst zu praktizieren - ist für unsere

Gesundheit und unser Wohlbefinden von großer Bedeutung.

Die Vollatmung

Die Vollatmung ist eine Kombination aus Zwerchfell-, Flanken- und oberer Atmung und die natürlichste Form der Atmung. Die Vollatmung kann gut geübt werden. Am besten legen sie sich dabei mit dem Rücken auf eine Matte auf den Boden. Legen sie ihre Arme neben ihrem Körper entspannt ab. Der Kopf kann auf einem Polster ruhen.

Atmen sie mehrmals ruhig und in ihrem eigenen Rhythmus durch die Nase ein und durch Mund oder Nase aus.
Atmen sie durch die Nase ein.
Lassen sie die einströmende Atemluft zunächst in den unteren Teil der Lunge strömen (das Zwerchfell senkt sich und die Bauchdecke hebt sich).
Die Lungen füllen sich weiter mit Atemluft (die Flanken und der obere Brustkorb weiten sich).
Atmen sie aus und entspannen sie dabei die Atemmuskeln.
Vermeiden sie jede Anstrengung.
Richten sie ihre ganze Aufmerksamkeit auf ihre Atmung.
Der Atem soll im Laufe des Übens immer tiefer und gleichmäßiger werden.

Versuchen sie anfangs 10 bewusste Vollatmungen und steigern sie sich langsam.

Der Atemkreis

Einer geistigen Entspannung folgt auch immer eine körperliche. Die Atmung ist dazu ein einfacher und effektiver Schlüssel.
Deshalb möchte ich ihnen noch eine simple Atemübung

(eine abgeänderte Form der Übung „Energie tanken“) vorstellen, die sie beinahe in jeder Körperposition und bei jeder Gelegenheit ausüben können und die schnell wirkt:
Nehmen sie eine angenehme Körperposition ein.
Im Sitzen: Setzen sie sich aufrecht auf einen Stuhl und legen sie ihre Hände auf ihre Oberschenkel.
Im Liegen: Leben sie sich entspannt auf den Rücken und legen sie ihre Arme neben ihren Körper.
Im Stehen: Stehen sie aufrecht, die Füße etwa hüftbreit, den Schwerpunkt gut auf die Fußsohlen verteilt, die Handflächen berühren die Außenseite der Oberschenkel oder den Bauch.
Schließen sie die Augen.
Atmen sie ruhig und entspannt ein und aus.
Durch die Nase einatmen.
Durch den Mund ausatmen.
Konzentrieren sie sich auf ihre Atmung.
Einatmen und ausatmen.
Einatmen und ausatmen.
Stellen sie sich vor, mit der Einatmung durch die Nase positive Energie in den Körper aufzunehmen.
Diese positive Energie fließt über die Nase in ihre Brust, die Arme, den Bauch, die Hüfte, die Beine bis in die Zehenspitzen.
Der ganze Körper wird durch die Einatmung gefüllt mit dieser positiven Energie.
Bei der Ausatmung fließt diese positive Energie über die Ferse, die Waden, die Rückseite der Oberschenkel, das Gesäß, den Rücken bis in den Kopf.
Atmen sie wieder ein und wiederholen sie den Vorgang mehrmals.
Einatmen und ausatmen.
Einatmen und ausatmen.
Versuchen sie, sich nur auf ihre Atmung und das Fließen der positiven Energie zu konzentrieren.

Sie können sich diese Energie auch als Farbe vorstellen, die durch ihren Körper fließt.
Einatmen und ausatmen.
Nach einiger Zeit, wenn es für sie angenehm ist, lenken sie ihre Aufmerksamkeit wieder auf alle Umgebungsgeräusche.
Kehren sie langsam wieder zurück ins Hier und Jetzt.
Atmen sie zum Abschluss tief durch die Nase ein und durch den Mund aus.
Sie sind wieder vollständig im Hier und Jetzt.

Unterstützen sie diese Übung mit angenehmer und beruhigender Musik.

Konnten sie sich auf Atmung und Energiefluss konzentrieren? Konnten sie dabei entspannen?
Auch wenn sie diese sehr einfache Entspannungsübung nur wenige Minuten durchführen, werden sie merken, wie sich ihr Inneres beruhigt und wie sie entspannter werden. Sie können diese kleine Meditation je nach Lust und Zeit beliebig verlängern und erweitern. Je öfter sie die Übung machen, desto geübter werden sie und desto schneller und nachhaltiger werden sich Entspannung und Stressabbau einstellen.
Möglicherweise halten sie diese Übung anfangs nur für 2 oder 3 Minuten durch. Häufig verlässt Ungeübte nach dieser Zeit die Konzentration, die Gedanken schweifen ab und man kann nicht mehr ruhig sitzen, liegen oder stehen. Dagegen hilft nur es immer wieder zu probieren. Bleiben sie dran und der Erfolg wird sich einstellen.
Vorteile dieser Übung sind überdies, dass dazu keine Hilfsmittel erforderlich sind und sie beinahe überall durchführbar ist. Es muss nicht einmal leise sein. Wenn sie auf das Schließen der Augen verzichten, können sie diese Übung auch am Arbeitsplatz oder im Seminarraum praktizieren.

Summ - Meditation

Diese Art der Meditation klingt möglicherweise lustig, richtig angewandt ist sie jedoch sehr effektiv.

Bei dieser Technik wird der eigene Körper als Resonanzgefäß benutzt. Über das Summen mit der eigenen Stimme breitet sich eine Vibration aus. Diese Schwingungen lösen Verspannungen, wirken entspannend und helfen Körper und Geist in Einklang zu bringen.

Auch bei dieser Übung ist die Einfachheit der Erfolgsgarant. Das Summen ist jederzeit möglich, denn unsere Stimme haben wir immer dabei. Es braucht keine aufwendige Vorbereitungen und auch keine Utensilien.

Auch bei der Summ-Meditationen ist es wichtig den Fokus auf die Atmung zu legen, steht doch das „Summen" unmittelbar mit der Ausatmung in Verbindung.

Setzen sie sich bequem und in entspannter Haltung auf den Boden oder auf einen Stuhl.
Halten sie den Rücken aufrecht.
Legen sie die Handflächen auf die Oberschenkeln oder Knie.
Schließen sie die Augen.
Atmen sie ein und aus.
Einatmen und Ausatmen.
Halten sie beim Ausatmen die Lippen sanft geschlossen.
Erzeugen sie bei jeder Ausatmung einen tiefen Summton aus der Brust heraus.
Die Lautstärke wählen sie selbst.
Wählen sie eher einen tieferen Ton, da dieser deutlicher wahrnehmbare Schwingungen erzeugt.
Lassen sie die Schwingungen freien Lauf durch ihren Körper.
Spüren sie die Vibration die durch ihren Körper geht.
Es gibt keine spezielle Atemtechnik in dieser Meditation, sie können die Tonlage verändern und auch den Körper sanft bewegen,

wenn ihnen danach zumute ist.
Es kommt der Moment, wo das Summen von selbst geschieht und sie einfach nur mehr zuhören und sich mehr und mehr entspannen.
Beenden sie nach einiger Zeit das Summen und spüren sie noch eine Weile nach während sie ruhig und gleichmäßig weiteratmen.
Lenken sie ihre Aufmerksamkeit wieder auf alle Umgebungsgeräusche.
Atmen sie zum Abschluss tief durch die Nase ein und durch den Mund aus.
Sie sind wieder vollständig im Hier und Jetzt.

In einer indischen Studie wurde herausgefunden, dass das Summen den Vagusnerv stimuliert, der als Teil des Parasympathikus gemeinsam mit dem Sympathikus das vegetative Nervensystem bildet. Er senkt den Blutdruck und Herzschlag und beruhigt den Atem. Die Aktivierung des Vagusnervs wird unter anderem im Rahmen von Therapien gegen Depressionen und Epilepsie eingesetzt. Durch die Stimulation dieses Nervs wird das Gehirn messbar in einen erholsamen Ruhezustand versetzt. Genau das passiert beim bewussten Summen.
Summen synchronisiert außerdem die Aktivität der Gehirnareale, steigert damit sowohl die Kreativität als auch die Konzentration.

Aktivitäten zum Energietanken

Finden Sie heraus, was sie brauchen, um glücklich zu sein. Bei dieser Suche sollten sie nur an sich denken, an ihre Bedürfnisse und nicht an das, was andere von ihnen erwarten. Auch wenn ihnen das schwerfällt und sie sonst immer für andere da sind, bedenken sie, dass ihre Ausgeglichenheit auch

anderen zu Gute kommt. Füllen sie ihre Batterie auf, denn nur mit voller Batterie können sie auch anderen Kraft spenden.
Machen sie sich eine Liste mit Aktivitäten, die sie gerne machen. Am besten gleich jetzt.

Ein Wellnesstag oder einfach nur Schwimmen in einem See oder während der kalten Jahreszeit in einem Hallenbad, Wandern, Laufen, Schifahren, Schitourengehen, Eislaufen, Tanzen, Musik hören, Malen, Lesen, Grillen, Freunde einladen, Spieleabend alles was ihnen Spaß macht.

Schreiben sie alles auf. Aktivitäten, die ihnen Spaß machen sind potentiell geeignet ihre Energiereserven aufzuladen. Energie zu tanken ist essentiell für ein gutes und glückliches Leben.
Womöglich denken sie jetzt, woher soll ich mir die Zeit nehmen. Dazu möchte ich ein Beispiel vom Psychotherapeuten Klaus Bernhard bringen:
So zu denken wäre in etwa so, als würden sie mit einer Taschenlampe mit sehr schwachen Batterien durch einen dunklen Tunnel laufen, nur weil sie sich zuvor eingeredet haben, sie hätten keine Zeit, um für volle Batterien zu sorgen. Spätestens jedoch, wenn sie komplett im Dunkeln stehen und sich orientierungslos an der kalten Wand entlangtasten, wird ihnen schmerzhaft klar, dass sie ihre Prioritäten falsch gesetzt haben. Hätten sie sich Zeit genommen und rechtzeitig für ausreichend Energie gesorgt, wären sie anschließend wesentlich schneller und sicherer im Tunnel vorangekommen.

Möglicherweise fällt ihnen spontan nicht viel ein, das Spaß machen könnte. Notieren sie, was ihnen momentan einfällt und legen sie die Liste mit einem Stift griffbereit auf ihr

Nachtkästchen. Sie werden sehen, die guten Einfälle kommen in den nächsten Tagen wie von selbst.

Nehmen sie diese Liste nach einem anstrengenden Tag oder wenn ihnen sonst danach ist zur Hand, nehmen sie sich ausreichend Zeit und verwirklichen sie eine dieser Ideen. Versuchen sie, dabei nicht in den Stress zu verfallen, die Liste so schnell wie möglich abarbeiten zu müssen.

Übungen für das Wohlbefinden

Machen sie Waldspaziergänge

Menschen, die sich öfter im Wald aufhalten und gute Luft atmen, sind psychisch ausgeglichener, meint der Wiener Arzt und Autor Prof. Johannes Huber.
Viele Studien haben mittlerweile den positiven Einfluss von Waldgebieten auf die Psyche von Menschen nachgewiesen. In Nachbarschaften von Stadtwäldern ist das Risiko von Erwachsenen, unter psychischen Problemen zu leiden, um fast ein Drittel geringer als in Gegenden mit weniger Bäumen. Auch der allgemeine Gesundheitszustand von Menschen wird durch Bäume positiv beeinflusst.

Ein Forscherteam aus Dänemark hat herausgefunden, dass Kinder, die mit Natur aufwachsen, als Erwachsene zu 55 Prozent seltener psychisch erkranken als Gleichaltrige, die ohne Grün leben.

Der österreichische Biologe und Buchautor Clemens Arvay sammelt internationale Forschungsergebnisse zur Wirkung des Waldes auf unsere Gesundheit. Seine Erkenntnisse daraus: Der Wald hilft uns gegen Depressionen, gegen psychische Stressbelastungen und Burnout. Er stärkt auch unser Immunsystem und kann uns vor ernsthaften chronischen Krankheiten schützen, sogar vor Herzinfarkten. Die vielfältigen Sinneseindrücke, wie das Zwitschern der Vögel und der Geruch von Tannennadeln, stimulieren auch die Aktivität jener Teile unseres Nervensystems, die für Erholung und Regeneration verantwortlich sind.

Eine der frühesten Studien zur gesundheitlichen Wirkung des Waldes erschien schon 1984 im Wissenschaftsmagazin "Science". Demnach wirkt allein der Anblick von Bäumen messbar positiv. Patienten, die nach einer OP aus dem Krankenhausfenster ins Grüne schauten, wurden schneller gesund als die, die nur auf eine Hausmauer blickten. Die Patienten mit Baumblick benötigten auch weniger Schmerzmittel.
Zu einem ähnlichen Ergebnis kam eine große Studie des Umweltpsychologen Marc Berman 2015 an der Universität Chicago: Je weniger Bäume in einer Wohngegend stehen, desto höher das Risiko für typische Zivilisationskrankheiten wie Herz-Kreislauf-Schwäche, Bluthochdruck oder Diabetes.

Diese Erkenntnisse sollten uns alle ermutigen, unabhängig vom Wetter und von der Jahreszeit, mindestens einmal pro Woche für 2 Stunden einen Waldspaziergang zu machen. Bei einem Waldspaziergang atmen wir Stoffe ein, mit denen Pflanzen untereinander Botschaften - sogenannte Terpene - austauschen. Sie stärken unser Immunsystem und sorgen für Erholung und Entspannung.
Ich selbst habe das Glück, umgeben von Natur, Auwald und Fluss zu leben. In angespannten Situationen und um den Kopf frei zu bekommen, mache ich seit Jahren solche Spaziergänge und nach wenigen Minuten im Wald spüre ich

eine Befreiung und merke, wie sich die Umklammerung des vom Stress geplagten Berufs- und Alltagslebens lockert.

Visualisieren sie ihre Wünsche

Jeder Gedanke, jede Information, jede Vorstellung wird mit bereits gemachten Erfahrungen und Emotionen gekoppelt und offenbart sich als körperliche Reaktion. Sie zittern vor dem Anblick einer Spinne. Sie ekeln sich vor der Vorstellung, in einen trüben See voller Blutegel zu steigen. Mimik und Körpersprache zeigen das deutlich. Die Szene in einem Horrorfilm jagt ihnen einen Schauer über den Rücken. Ein böser Brief lässt sie vor Wut kochen, der Blutdruck steigt, das Herz rast. Beim Anblick eines geliebten Menschen bekommen sie weiche Knie und Schmetterlinge im Bauch.

Die Tatsache, dass der Körper auf Gedanken, Bilder und Vorstellungen reagiert, zeigt, dass Vorstellung Realität erzeugen kann. Diese Tatsache macht sich die Technik der Visualisierung zunutze. Visualisieren ist ein Vorstellen von Bildern und Szenen. Der bekannte Arzt und Autor Dr. Ulrich Strunz meint, mit Visualisierung würde man Ängste in den Griff bekommen, das Selbstbewusstsein stärken, den eigenen Willen trainieren und das Unterbewusstsein mit Fröhlichkeit auffüllen.

Eine Visualisierung hat viele Namen. Manche nennen Visualisierungen Tagträume. Wenn beispielsweise die Gedanken vom grauen Alltag in eine wunderbare und ersehnte Welt eintauchen, in eine Welt der Wünsche. Man spürt die zarten Hände eines geliebten Menschen, fühlt sich wohl und geborgen und träumt vom zukünftigen Glück.

Andere nennen es Imagination. Etwas, das in unserer Vorstellung entsteht. Sie ist Teil unserer Kreativität. Die Imaginationsfähigkeit ist wichtiger als Wissen, sagte bereits Albert Einstein.

Visualisierung, Tagtraum, Imagination bedeuten dasselbe: Durch Kreativität werden Bilder erschaffen, die eine Auswirkung in der Realität haben. Auswirkungen auf Gesundheit, Zufriedenheit, Selbstvertrauen, Erfolg und vieles mehr.

Wir haben in diesem Buch die Bedeutung der Visualisierung in Bezug auf den Convition Effect bereits ausführlich erörtert und auch im praktischen Teil wurde dieses Thema als wichtiger Schritt behandelt. Dennoch möchte ich ihnen mit einer einfachen Übung nochmals veranschaulichen, wie eine bewusste Visualisierung beinahe überall und jederzeit möglich ist.

Setzen sie sich auf einen Stuhl.
Der Oberkörper aufrecht an die Rückenlehne angelehnt.
Legen sie die Handflächen auf die Oberschenkel.
Beginnen sie mit der Atmung wie in der Übung „Atemkreis" beschrieben.
Nach 5 bis 10 Einatmungen und Ausatmungen stellen sie sich einen für sie perfekten Ort vor (das kann ein wunderschöner Strand, ein Berg, ein Platz an einem Wasserfall, eine Terrasse mit fantastischem Ausblick oder ähnliches sein).
Stellen sie sich vor sie befinden sich an diesem Ort.
Stellen sie sich vor, wie sehr sie sich wohl fühlen, wie entspannt sie sind, wie sie die Umgebung genießen.
Atmen sie dabei entspannt weiter.
Versuchen sie ihre Vorstellung einige Minuten aufrecht zu erhalten.

Wenn sie diese Übung für einige Minuten durchhalten, werden sie die angenehme Wirkung dieses Gedankenexperiments gut spüren und sich in einen Zustand versetzen, als wären sie tatsächlich einige Zeit an ihrem perfekten Ort gewesen.

Kopfmassagen

Die nachfolgend angeführten Kopfmassagen wirken vitalisierend, entspannend und ausgleichend auf den ganzen Körper und können zu jeder Zeit und fast überall durchgeführt werden. Sie benötigen nur wenig Zeit dafür, ein paar Minuten pro Tag egal, ob im Büro oder zu Hause.

Haare kämmen

Legen sie ihre Fingerspitzen am vorderen Haaransatz an und streichen sie mit sanftem Druck über den Hinterkopf bis zum hinteren Haaransatz.
Je nach Vorliebe können sie mit den Fingerkuppen massieren oder ihre Fingernägel zum Einsatz bringen. Kämmen sie auf diese Weise 10-mal durch ihre Haare.

Gesicht waschen

Legen sie ihre Hände auf ihre Wangen.
Spüren sie die angenehme Wärme ihrer Handflächen.
Führen sie mit einer sanften Bewegung ihre Handflächen nach oben zur Stirn und über ihre Schläfen zu den Ohren und wieder zurück zu ihrem Gesicht.
Wiederholen sie die Bewegung 10-mal.
Das „Gesicht waschen“ ist sehr erfrischend und glättet die Gesichtszüge.

Ohren reiben

Da sich an den Ohren unzählige Reflex- und Akupunkturpunkte befinden, die mit dem gesamten Organismus in Verbindung stehen, ist die Ohrenmassage immer sehr wohltuend für den ganzen Körper.

Legen sie ihre Handflächen auf die Ohren.
Klemmen sie ihre Ohrmuschel zwischen Zeigefinger und Mittelfinger.
Der Zeigefinger liegt dabei am Kopf an.
Reiben und Ziehen sie sanft an ihren Ohren.
Wiederholen sie das 10-mal.

Händemassage
Reiben sie ihre Handflächen aneinander bis sie warm werden.
Reiben sie anschließend 10-mal über den Handrücken der einen, und dann der anderen Hand.
Durch das Handreiben werden die Handmeridiane und der Kreislauf angeregt. Da die Handflächen mit Zonen unseres Körpers in Beziehung stehen, ähnlich wie unsere Fußreflexzonen, wirkt sich das Händereiben positiv auf den Organismus aus.

Epilog

Ich habe mich entschlossen über das Phänomen der eigenen Überzeugung, den Conviction Effect, ein Buch zu schreiben, weil ich selbst diese unglaubliche Kraft in mir erlebt habe. Ich hätte das Manuskript zu diesem Buch niemals einem Verlag angeboten, wäre ich nicht vollkommen überzeugt von der Bedeutung dieses Themas und von den Möglichkeiten, die sich für uns alle daraus ergeben.
Natürlich kann dieses Buch keinesfalls ärztliche Maßnahmen und Therapien ersetzen. Allerdings kann es uns als Ansporn dienen unser Leben selbst in die Hand zu nehmen und Möglichkeiten eröffnen aus tiefer Überzeugung unmöglich Geglaubtes möglich zu machen.

Um dieses Buch für mich angemessen abzuschließen, möchte ich nochmals auf meine persönliche Geschichte blicken. Ich möchte allen Leserinnen und Lesern plausibel machen, warum mir das Thema dieses Buches und die Weitergabe meines Wissens, meiner Erfahrungen und Erlebnisse wichtig sind.

Meine Verwandlung hat während einer NLP (Neurolinguistisches Programmieren) Ausbildung im Jahr 2016 begonnen. Damals habe ich im Zuge einer Übung, bei der es um die Gestaltung der eigenen Zukunft ging, den Entschluss gefasst eine „Visionssuche" zu machen. Der Gedanke dazu hatte sich schon länger in mir festgesetzt, es hatte nur noch der zündende Funke gefehlt. Als praktizierender Erlebnispädagoge faszinierte mich das Ritual der Visionssuche bereits sehr lange. Kurz entschlossen meldete ich mich bei der renommierten deutschsprachigen Visionssucheleiterin Sylvia

Koch-Weser für eine 14tägige Visionssuche in Andalusien an, die auch vom Österreicher Christian Kirchmair begleitet wurde.
Die Visionssuche ist ein sehr altes Ritual der Selbstheilung und Sinnsuche, das Steven Foster und Meredith Little in den 1970er Jahren von nordamerikanischen Ureinwohnern erlernten und für die „moderne Gesellschaft“ adaptierten. Das Kernstück der Visionssuche ist eine viertägige (4 Tage und Nächte) Auszeit in der Natur. Diese Zeit verbringen die Visionssuchenden in Einsamkeit, den Naturgewalten ausgeliefert, ohne Nahrungsmittel und nur mit dem Notwendigsten ausgestattet. Es ist ein Initiationsritual, das auf Sinnfindung, Übergänge und Veränderungen im Leben abzielt.

Die Visionssuche ist ein uralter in vielen Kulturen verbreiteter Ritus zur Gestaltung von Lebensübergängen. Im Kern geht es darum, sich - bei guter Vorbereitung und mit tiefgreifender Nachbereitung - drei oder vier Tage und Nächte unter freiwilliger Befolgung einiger Tabus (Alleinsein, Fasten, keine feste Behausung) in der Natur aufzuhalten.
(Verena und Haiko Nitschke, Visionssucheleiter)

Im Nachhinein betrachtet wurde bei mir während der Vorbereitung zu meiner Visionssuche und insbesondere während meiner viertägigen Auszeit in der Wildnis Andalusiens erstmals der Conviction Effect ausgelöst und ein Prozess eingeleitet, der mich Schritt für Schritt, aber auch mit Rückschlägen, weiterführte und der bis heute nicht beendet ist.
Besonders bedeutsam war, dass während der Visionssuche ein Entschluss in mir zu keimen begann und sich langsam weiterentwickelte. Ich wollte mir eine längere Auszeit nehmen, um loszulassen von meinem gewohnten Leben und mich auf eine längere Reise zu begeben. Letztendlich wurde

es eine lange und einsame Wanderung durch Neuseeland, um die Sinnfindung und die prozesshafte Veränderung, die im April 2017 in Andalusien begonnen hatte, fortzusetzen.

Die Natur spielt eine elementare Rolle in unserem Leben. Sie lehrt und spiegelt uns vieles und führt uns immer wieder zu unseren Wurzeln zurück. Diese Verbundenheit mit der Natur unterstützt uns auf einfachste Art und Weise, uns auf das Wesentliche zu besinnen.
(Christian Kirchmair, Visionssucheleiter)

Am 17.Dezember 2017 startete ich in Bluff, dem südlichsten Ort an der Südinsel Neuseelands, meine Wanderung durch die Wildnis dieses wunderschönen Landes. Beinahe 5 Monate und 3040 Km später traf ich in Cape Reinga, an der nördlichen Küste der Nordinsel Neuseelands, ein. Diese Wanderung war ein unglaubliches und faszinierendes Erlebnis. Die vielen intensiven und zum Teil spirituellen Erfahrungen, die ich gemacht habe, haben mich positiv verändert und dennoch gab es nach dieser Reise immer wieder dramatische Rückschläge, die mich in meiner Weiterentwicklung zurückwarfen, wie ich im Kapitel „Meine Geschichte“ bereits beschrieben habe. Aber ich gab nicht auf, niemals!

Zwei besonders wichtige Punkte habe ich mir von meiner einsamen Wanderung durch Neuseeland mitgenommen:
Während meiner Wanderung, inmitten der Natur, in Einsamkeit und auf das Wesentliche beschränkt, wurde mir mit einer beindruckenden Klarheit bewusst, dass ich nicht der einsame Wolf war, der ich immer zu sein glaubte. Dass ich ein angenehmes Umfeld mit guten und echten Freunden brauchte.
Mir wurde auch klar, dass ich weniger arbeiten, mehr leben

und die Natur und die einfachen Dinge genießen möchte. Mir wurde bewusst, dass ich jahrelang in die falsche Richtung geblickt habe und Geld und Besitz nachlief. Ich nahm mir vor in Zukunft bescheidener zu leben. Abseits von teuren Autos, großen Häusern, Geld und nutzlosen aber kostspieligen Dingen.

Freiheit und Glück bestehen im Loslassen und nicht im Sammeln und Bewahren.
(Wolfgang Joop)

Wenn ich heute auf mein Leben blicke, kann ich sagen: Ich habe diese Erkenntnis beherzigt und mein Leben danach ausgerichtet. Ich glaube, dass ich durch diese Umgestaltung meines Lebens, die sehr abweichend zu meinem bisherigen war – weit weg von den künstlich geschaffenen Bedürfnissen, die ich befriedigen wollte und die nie Befriedigung brachten - die Möglichkeit schaffte, mich selbst und die Welt, in der ich lebe neu zu erschaffen. Rückblickend wird mir bewusst, dass mir bereits im Jahr 2017 klar war, was ich wollte. Ich habe Veränderungen in der Gewissheit eingeleitet, dass sie mich in ein anderes, in ein besseres Leben führen würden. Diese Gewissheit hat mich angetrieben, mich trotz Rückschläge an meinem Weg festhalten lassen und ich habe mich dabei oft vor meinem eigenen Mut gefürchtet. Doch mein Mut und meine Gewissheit haben diese Furcht vor der Veränderung, vor dem Neuen und Unbekannten besiegt. Durch die Kraft des Conviction Effects ist mir das gelungen. Ich habe mein Leben lebenswerter und erfüllter gemacht und habe viele psychische und physische „Zivilisationsleiden" überwunden.
Ich bin gesundet, fühle mich physisch und psychisch stark wie nie zuvor, habe 15 Kg Körperfett verloren, Blutdruck und Blutwerte haben sich normalisiert und stabilisiert und ich

habe meine Krebserkrankung besiegt, ohne ein einziges Medikament einzunehmen.

Im Jahr 2017 wurde bei mir Prostatakrebs diagnostiziert. Das war einer der vielen Gründe, warum vieles bei mir damals aus der Spur lief. Zu den Behandlungsmöglichkeiten gab es einander widersprechende Vorschläge der Ärzte, welche von sofortiger Operation bis zu aktiver Beobachtung des Krebskarzinoms reichten. Ich habe mich damals mit sehr viel Unsicherheit dafür entschieden nicht sofort zu operieren.
Während ich dieses Buch schrieb, im März 2021, sagte mein Arzt, ein anerkannter Professor und Leiter der Urologie in einem österreichischen Krankenhaus zu mir: „Ich gratuliere Ihnen, es ist zwar schwer zu glauben, aber das Karzinom ist weg, sie können den Champagner öffnen!" Er teilte mir mit, er habe erst einmal in seiner langen Laufbahn solch eine unerklärbare Heilung erlebt. Er fragte mich auch: „Wie haben sie das gemacht?" Die Frage ist berechtigt. Und meine Antwort darauf: „Es kam irgendwann der Zeitpunkt, an dem ich einfach wusste, dass alles gut wird."

Literaturverzeichnis

Achterberg, J. (1987) Die heilende Kraft der Imagination. Heilung durch Gedankenkraft. München: Scherz Verlag

Aronson, E. Wilson, T. D. & Sommers, A. R. (2020) Social Psychology, Tenth Edition. Pearson Verlag

Bandura, A. (1977). Social Learning Theorie. Michigan: Prentice Hall Verlag

Bauer, J. (2007). Lob der Schule. Hamburg: Hoffmann und Campe Verlag GmbH

Bauer, J. (2014). Prinzip Menschlichkeit, warum wir von Natur aus kopieren. Hamburg: Hoffmann und Campe Verlag

Bauer, J. (2013). Schmerzgrenze. Vom Ursprung alltäglicher und globaler Gewalt. München: Wilhelm Heyne Verlag

Bauer, R. (2008). Yoga. Unterwegs zu mir. München: Südwest Verlag

Becker, J. (2019). Du kannst schaffen was du willst. München: Piper Verlag GmbH

Becker, J. (2020). Finde dein magisches Glück. Du kannst Wunder vollbringen. München: Piper Verlag GmbH
Bernhardt, K. (2018). Panikattacken und andere Angststörungen loswerden. Wie die Hirnforschung hilft, Angst und Panik für immer zu besiegen. München: Ariston Verlag

Buzzi, G. (2004). Das Medizinrad der Lakota. München: Heinrich Hugendubel Verlag

Clear, J. (2020). Die 1% Methode, minimale Veränderung,

maximale Wirkung. München: Wilhelm Goldmann Verlag

Cojan, Y. et.al. (2013). Project brain imaging of hypnosis. Time-course of motor inhibition during hypnotic paralysis. In U. Warnke, Die Öffnung des 3. Auges (S. 303-304). München: Wilhelm Goldmann Verlag

Davidson, R., Begley, S. (2012). Warum wir fühlen, wie wir fühlen. Wie die Gehirnstruktur unsere Emotionen bestimmt – und wie wir darauf Einfluss nehmen können. Arkana. München

Duhigg, C. (2012). Die Macht der Gewohnheit. Berlin: Berlin Verlag

Engel, S. (2005). Qi Gong. Innere Ruhe und Energie für den Alltag. München: BLV Buchverlag GmbH

Gigerenzer, G. (2015). Bauchentscheidungen. Die Intelligenz des Unbewussten und die Macht der Intuition. München: Goldmann Verlag

Goldberg, P. (2017). Die Kraft der Intuition. Wie man lernt seiner Intuition zu vertrauen. Frankfurt: Fischer Verlag

Häuser, W., Hagl, M., Schmierer, A., Hansen, E. (2016). Wirksamkeit, Sicherheit und Anwendungsmöglichkeiten medizinischer Hypnose. Eine systematische Übersicht von Metaanalysen. In Deutsches Ärzteblatt Int. (S. 289 – 296)

Henderson, J. (2007). Das Buch vom Summen. AJZ Verlag

Holzbauer, M. (1999). Der Papst und die armen Seelen. Das weiße Pferd Verlag

Huber, J. (2019). Die Anatomie des Schicksals. Was uns lenkt. Wien: edition a Verlag

Keuschnigg, M. Wolbring, T. (2016) R. K. Merton. S. 177-184 in: Kraemer, K. Brugger, F. (Hrsg). Schlüsselwerke der Wirtschaftssoziologie. Wiesbaden: Springer Verlag

Murphy, J. (1981). Die unendliche Quelle ihrer Kraft. Ein Schlüsselbuch positiven Denkens. Berlin. Darmstadt. Wien: C. A. Kochs Verlag

Norddeutscher Rundfunk. (2020). Wissenswertes rund um die Heilkraft des Waldes. Onlinebeitrag vom 01.04.2020. https://www.ndr.de/ratgeber/gesundheit/Wissenswertes-rund-um-die-Heilkraft-des-Waldes,wald806.html

Oettingen, G. (2014). Die Psychologie des Gewinnens. München: Pattloch Verlag

Perner, A. R. (2011). Hand, Herz, Hirn. Matzen: Aaptos Verlag

Putthoff, H. E. Targ, R. (1976). Perzeptiver Kanal der Informationsübertragung für weite Entfernungen. In U. Warnke, Die Öffnung des 3. Auges (S. 64). München: Wilhelm Goldmann Verlag

Pfoser, M. (2015). Der Placebo Effekt. Wie die Seele den Körper heilt. Amerang: Crotona Verlag

Ring, K., Elsässer-Valerino, E. (1999). Im Angesicht des Lichts. München: Ariston Verlag

Roth, G. Strüber, N. (2019). Wie das Gehirn die Seele macht. Stuttgard: Klett-Cotta

Schatalova, G. (2002). Wir fressen uns zu Tode. Das revolutionäre Konzept einer russischen Ärztin für ein langes Leben bei optimaler Gesundheit. München: Goldmann Verlag

Schmid, G. B. (2000). Tod durch Vorstellungskraft. Das Geheimnis psychogener Todesfälle. Wien. New York: Springer Verlag

Schmitz, M., & Schmitz, M. (2006). Seelennahrung. Sich aufmachen zum Glück. Wien: Carl Überreuter Verlag

Schödlbauer, C. (Hrsg.).(2002). Weisheit und Trance. Augsburg: Ziel Verlag

Strunz. U. (1999). forever young. Das Erfolgsprogramm. München: Gräfe und Unzer Verlag

Theobald, M. (2017). Die sozial-kognitive Lerntheorie Albert Banduras. Wie funktioniert das Lernen. Norderstedt: Grin Verlag

Thomashoff, H.O. (2017). Das gelungene Ich. Die vier Säulen der Hirnforschung für ein erfülltes Leben. München: Ariston Verlag

Voelker, R. (1996). Nocebos Contribute to a Host of Ills. In: Journal of the American Medical Association 275.

Vogel, W. (2014). Die physikalische Erklärung des Bewusstseins und zentrale Bewusstseinsphänomene. Novum Verlag

Waesse, H. (1995). Yoga für Anfänger. München: Gräfe und Unzer Verlag GmbH

Warnke, U. (2011). Quantenphilosophie und Spiritualität. Wie unser Wille Gesundheit und Wohlbefinden steuert. München: Scorpio Verlag

Warnke, U. (2013). Quantenphilosophie und Interwelt. Der Zugang zur verborgenen Essenz des menschlichen Wesens. München: Scorpio Verlag

Warnke, U. (2017). Die Öffnung des 3. Auges. Quantenphilosophie unseres Jenseits-Moduls. München: Scorpio Verlag

Watzlawick, P. (Auflage 2016). Die erfundene Wirklichkeit. Wie wissen wir, was wir zu wissen glauben. München: Piper Verlag

Watzlawick, P. (Auflage 2019). Anleitung zum Unglücklichsein. München: Piper Verlag

Weber, M. (2009). Der Mensch im Gleichgewicht. Gesundheit neu gedacht mit Herz, Logik und Intuition. Steyr: Ennsthaler Verlag

Wheeler, J. A., Misner, C., Thorne, K.S. (1973). Gravitation. San Francisco: Freeman

Williams, R. M. (2004). Psych-K. Die Macht der Überzeugung und die Verbindung von Körper, Geist und Seele. Dorfen: Koha Verlag

Wittchen, H. U., Jakobi, F. (2004). Angststörungen. In Robert Koch-Institut, Gesundheitsbericht des Bundes (S. 7 - 27). Berlin: Oktoberdruck